Deux Années de la Grande Lutte Américaine —

Revue des Deux Mondes 1. oct. 1864 —

DEUX ANNÉES

DE

LA GRANDE LUTTE AMÉRICAINE

Depuis plus de trois années déjà, le sang coule à flots en Amérique : près de huit cent mille hommes ont succombé; les villes et les villages ont été saccagés par centaines; d'immenses richesses accumulées par le travail d'un demi-siècle ont été anéanties, et par le contre-coup de ces désastres des populations entières ont été ruinées des deux côtés de l'Atlantique. Rarement guerre civile a pris des proportions aussi vastes que celle des États-Unis, et pourtant, si l'on en croyait certains politiques, ce carnage aurait été complétement inutile, et les combattans en seraient encore au même point qu'au premier jour de leur lutte acharnée. Il est vrai que l'éloignement du continent américain, la grandeur du territoire en litige, le chaos des dates, des chiffres, des noms d'hommes et de lieux, les contradictions des dépêches et des correspondances, les marches et les contre-marches des armées qui se disputent l'espace compris entre Washington et Richmond, ont pu faire croire parfois que tout est confusion dans l'immense conflit; mais ceux qui cherchent d'un cœur sincère à connaître la vérité ne sauraient être dupes de cette illusion. Au contraire les événemens d'Amérique offrent dans leur succession un caractère de logique et de simplicité qui se retrouve en un bien petit nombre d'autres guerres, et qui serait vraiment merveilleux, si la lutte n'était, même à l'insu de beaucoup de combattans, un choc entre deux principes. Les lecteurs de la *Revue* n'ont point oublié le récit qu'un témoin oculaire leur a tracé de la première campagne entreprise contre Richmond (1). Un simple

(1) Voyez la *Revue* du 15 octobre 1862.

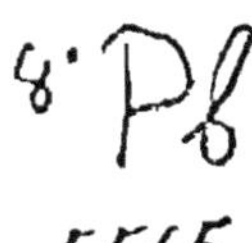

exposé des faits militaires qui se sont accomplis depuis cette époque prouvera, nous l'espérons, qu'en dépit de triomphes passagers les rebelles ont perdu définitivement la moitié de leur territoire et subi d'irréparables défaites. Les planteurs et leurs institutions ne sortiront point victorieux de la lutte. Si bien des fois dans ce siècle la justice a succombé, c'est une consolation de savoir qu'en Amérique du moins la force matérielle et la certitude du succès appartiennent à la cause du droit. Qu'on ne l'oublie point : quand les planteurs ont inauguré la rébellion, les États-Unis étaient la terre de l'esclavage, et tous les amis de la liberté rougissaient en parlant de la république américaine ; à la fin de la lutte, quatre millions de noirs auront été libérés, le pays de Washington ne sera plus déshonoré par le spectacle de la servitude, et dans le monde entier la force des idées démocratiques sera doublée par ce triomphe de la justice.

I. — PREMIÈRE INVASION DU MARYLAND. — BATAILLE D'ANTIETAM. — FREDERICKSBURG ET MURFREESBOROUGH.

Au commencement de septembre 1862, après seize mois d'une lutte acharnée, la restauration future de l'union fédérale semblait impossible et l'intégrité des états libres eux-mêmes était menacée. Les forces du nord avaient, il est vrai, conquis Nashville, capitale du Tennessee, et la Nouvelle-Orléans, métropole du sud, elles s'étaient emparées de Norfolk, des côtes de la Caroline du nord, de l'archipel de Port-Royal et du fort Pulaski ; mais la grande armée du Potomac s'était fondue presque tout entière devant Richmond, et les confédérés reprenaient l'offensive contre Washington. Le général Jackson, le tacticien le plus audacieux du sud, ayant réussi, par une marche imprévue, à tourner la position des fédéraux campés sur les bords du Rappahannock, ceux-ci avaient dû faire subitement volte-face pour reconquérir leurs libres communications avec Washington, et sur le champ de bataille de Bull-Run, de fatale mémoire, ils avaient éprouvé une sanglante défaite, non moins désastreuse que celle de l'année précédente. Au lieu de s'attarder à la poursuite des fugitifs, le général Lee, qui commandait en chef toutes les forces confédérées, évaluées à 150,000 ou 200,000 hommes, s'était hâté de remonter la vallée du Potomac et de pénétrer dans le Haut-Maryland, d'où il menaçait à la fois Washington, Baltimore et les villes industrielles de la Pensylvanie méridionale. En même temps de mauvaises nouvelles arrivaient de l'ouest, le Missouri était envahi par les bandes du Texas et de l'Arkansas ; dans le Tennessee, le général Buell se laissait tourner par l'armée confédérée du général Bragg ; les rebelles victorieux envahissaient et traversaient le

Kentucky; les deux grandes villes des bords de l'Ohio, Louisville et Cincinnati, se fortifiaient en toute hâte; enfin les Indiens eux-mêmes, soulevés, dit-on, par des émissaires du sud, surprenaient tous les postes avancés des émigrans *yankees* sur la frontière occidentale du Minnesota, brûlaient les villages et les maisons isolées, massacraient plus de 800 cultivateurs de tout âge et de tout sexe. Et tandis que les revers se succédaient coup sur coup, tandis que les ennemis en armes approchaient de la frontière des états libres, d'autres ennemis, déguisés en patriotes démocrates, profitaient des circonstances pour aider énergiquement leurs alliés du sud. Ils accusaient le gouvernement fédéral de s'être lancé dans une guerre sans issue, ils lui conseillaient de faire la paix à tout prix, et ne cessaient d'entraver son action par les moyens que leur donnaient la presse, les discussions publiques et les correspondances secrètes, les calomnies et les faux bruits. Les pessimistes et ceux qui par intérêt ou passion désiraient le triomphe du sud croyaient l'Union à jamais brisée. « Le navire n'est pas seulement battu par la tempête, il est en feu ! » disait à cette époque le correspondant du *Times*, qui recevait les confidences des esclavagistes.

En réalité, l'état de la république n'était pas aussi grave que l'eussent souhaité tous ceux qui sympathisaient avec l'aristocratie des planteurs. Le peuple du nord n'avait pas encore perdu l'espoir de triompher en maintenant ses libres institutions; seules quelques voix isolées faisaient appel à la dictature. Cependant le péril ne pouvait être conjuré que par une victoire décisive, et cette victoire, il fallait l'attendre de soldats qu'une défaite précédente avait humiliés et que démoralisait l'exemple de milliers de traînards et de déserteurs. C'est en courant pour ainsi dire, en luttant de vitesse avec l'ennemi, qu'il fallait aussi réorganiser l'armée. Après la bataille de Bull-Run, le général Pope s'était démis de son commandement, et le général Mac-Clellan, dans lequel les troupes avaient plus de confiance, avait été chargé de réparer les fautes des autres chefs d'armée et les siennes propres: d'instructions, il n'en avait d'autres que de vaincre comme il l'entendrait. Deux mois auparavant, lorsqu'il avait été obligé de lever le siége de Richmond et d'entreprendre cette fameuse retraite de flanc qui n'avait été qu'une longue bataille, ce général, d'ordinaire trop circonspect dans ses plans et trop lent dans ses manœuvres stratégiques, avait, à force de rapidité, sauvé son armée. Maintenant on lui demandait de sauver la patrie : il fit de nouveau preuve de résolution, et ses troupes étaient à peine réorganisées qu'il se dirigeait à grandes journées vers le nord. Le 5 septembre 1862, il partait de Washington, remontant la vallée du Potomac par le versant oriental; le 12, son avant-garde refoulait à Middletown celle des confédérés, et le général Lee, dont

l'armée en marche se développait sur une longue ligne parallèle à
la frontière de la Pensylvanie, se hâtait de rappeler tous les corps
détachés afin de se replier vers l'ouest, dans la direction de Hagerstown. Cette ville, située au milieu d'une petite vallée qu'arrose
l'Antietam, tributaire du Potomac, est protégée du côté de l'est par
un chaînon de collines d'une élévation moyenne de 300 mètres,
connues sous le nom de *South-Mountain :* c'est la première position
que les fédéraux devaient attaquer. Le 14, au matin, Mac-Clellan
atteignit les confédérés, qui occupaient en force les pentes escarpées de la montagne, et la bataille commença aussitôt; elle dura
toute la journée. Les généraux Reno et Hooker, commandant la
droite et le centre, emportèrent tous les sommets qui dominent le
col de Turner où passe la route de Hagerstown, tandis que le général Franklin s'établissait plus au sud, avec la gauche de l'armée,
sur le col de Crampton ou de Birkheadsville, d'où il pouvait menacer la ligne de retraite du général Lee. Cette victoire de South-
Mountain coûta 2,500 hommes aux fédéraux. Le général Reno resta
au nombre des morts.

Cet important succès fut presque aussitôt contre-balancé par un
grave échec. Le jour précédent, le colonel Ford, ayant près de
4,000 hommes sous ses ordres, avait honteusement évacué une
forte position qu'il occupait sur la rive gauche du Potomac, à l'extrémité méridionale du chaînon de South-Mountain, et par cette
inexcusable conduite, que flétrit plus tard un conseil de guerre, il
avait permis au corps d'armée du général confédéré Jackson d'investir complétement la place de Harper's-Ferry, devenue célèbre
dans l'histoire par la tentative de John Brown. Cette ville, située
au confluent du Potomac et de la Shenandoah et commandant les défilés des deux rivières, constitue, avec les hauteurs environnantes,
une forte position stratégique, et c'est pour ne pas y laisser une
armée fédérale solidement retranchée que le général Lee était
demeuré quelque temps dans l'inaction au lieu de poursuivre sa
marche triomphante vers Baltimore et d'isoler Washington avant
l'arrivée de Mac-Clellan. Après deux jours de bombardement, la
garnison de Harper's-Ferry, composée de 11,500 hommes, se rendit (15 septembre) avec cinquante pièces d'artillerie, au moment
même où le général Franklin, l'un des vainqueurs de South-Mountain, accourait au secours de la place. Le lendemain, 16 septembre, un fait de la même nature se passait dans le Kentucky, à
près de 1,000 kilomètres des champs de bataille du Maryland. Une
garnison de 4,000 hommes, après avoir héroïquement défendu
Mumfordsville, importante station du chemin de fer de Louisville à
Nashville, était obligée de se rendre aux rebelles avec armes et
bagages. L'armée fédérale enfermée dans Nashville était donc cou-

pée de toutes ses communications avec le nord, et commençait à souffrir du manque de vivres.

Aussitôt après la prise de Harper's-Ferry, le général Jackson vint, à la tête de 40,000 hommes, renforcer la grande armée de Lee, massée près de la petite ville de Sharpsburg, sur les hauteurs boisées qui dominent au nord-ouest le confluent du Potomac et du ruisseau d'Antietam. De son côté, le général Mac-Clellan, dont les soldats victorieux venaient de traverser le chaînon de South-Mountain en poussant l'ennemi devant eux, avait reçu 30,000 hommes de troupes fraîches : chacun des adversaires disposait d'une armée d'environ 100,000 soldats. Les forces unionistes avaient l'offensive; mais, pour déloger l'ennemi de ses positions, il leur fallait traverser le ruisseau sous le feu de l'artillerie qui couronnait toutes les collines et s'engager dans une forêt à couvert de laquelle les confédérés pouvaient tirer à coup sûr. La journée du 16 septembre et une partie de la nuit suivante furent employées de part et d'autre à faire les préparatifs d'une lutte acharnée. La bataille commença le 17 dès cinq heures du matin, et continua pendant quatorze heures avec furie. La droite des fédéraux, commandée par Hooker, essaya vainement de se frayer un chemin à travers les bois jusqu'à la ville de Sharpsburg et de tourner ainsi la position des confédérés. Ceux-ci, garantis par les arbres de la forêt, ne reculaient que pas à pas, et plusieurs fois ils revinrent à la charge pour arracher aux troupes de Hooker le terrain péniblement conquis. Un vaste champ de blé, où les assaillans étaient complétement exposés à la fusillade et aux décharges de l'artillerie, fut quatre fois perdu et quatre fois reconquis; le soir il était couvert en entier de cadavres et de blessés. La gauche fédérale, qui se trouvait sous les ordres du général Burnside, ne s'empara du pont de l'Antietam et ne put gravir les berges escarpées du ruisseau qu'au prix d'énormes pertes. Longtemps l'issue de la bataille resta douteuse; mais lorsque le jour commença de baisser, l'armée du sud avait abandonné la plupart des positions disputées. Les fédéraux vainqueurs passèrent la nuit sur le champ de bataille jonché de 25,000 hommes tués ou blessés, et se préparèrent pendant la journée du 18 à renouveler l'attaque. Le général Lee ne l'attendit pas, il évacua les hauteurs de Sharpsburg à la faveur de la nuit, et le 19 au matin il ne restait plus un seul détachement confédéré au nord du Potomac. Ainsi se termina cette invasion du Maryland qui, d'après les prophètes de malheur, devait aboutir à l'entrée triomphale de M. Jefferson Davis au Capitole. Les populations du Maryland n'avaient point acclamé leurs prétendus libérateurs; les soldats de « Stonewall » Jackson avaient appris qu'ils n'étaient pas invincibles, et l'armée fédérale, relevée par une victoire, avait repris confiance en elle-même. Par une singulière coïnci-

dence, le jour même qui suivit la bataille d'Antietam fut célébré
dans tous les états séparés comme un jour de prières et d'actions
de grâces en reconnaissance de tous les succès militaires que la
bonté divine avait procurés à la confédération.

On eût dit qu'en vertu d'une loi d'oscillation rhythmique les armées en présence devaient obéir à un mouvement régulier de flux
et de reflux dans l'immense territoire contesté qui s'étend des rivages de l'Atlantique aux grands déserts de l'ouest. Dans les états
du Kentucky, du Missouri, du Tennessee et sur la frontière indienne,
des victoires successives répondirent comme à un signal à la victoire
remportée par Mac-Clellan. Le général confédéré Braxton Bragg,
qui venait « délivrer le Kentucky de l'oppression des hordes étran-
gères, » fut accueilli en ennemi par la grande majorité des populations qu'il prétendait secourir, et dut commencer son mouvement
de retraite avant d'avoir attaqué Louisville. Le 21 septembre, la station de Mumfordsville fut reprise par la cavalerie fédérale; le 3 octobre, les confédérés évacuèrent Frankfort, capitale de l'état; le 4,
le général Bragg sortit de la ville importante de Lexington aussitôt
après avoir rendu toute une série de décrets et solennellement in-
stallé un gouverneur du Kentucky au nom de la confédération rebelle. Enfin le 8 octobre, se trouvant encore au centre de l'état, il
fut presque complétement environné par les forces du général Buell,
et, pour éviter d'être fait prisonnier, il dut se frayer à tout hasard
un chemin avant que les divers corps unionistes eussent opéré
leur jonction. La bataille, livrée sur les hauteurs de Chaplin, non
loin de Perryville, fut sanglante, puisque l'armée fédérale y perdit
à elle seule 3,200 hommes; les confédérés réussirent à faire leur
trouée, mais ils durent abandonner le champ de bataille pendant
la nuit pour gagner rapidement les frontières du Tennessee. La
campagne d'invasion entreprise par les rebelles à l'ouest du Mississipi ne se termina pas d'une manière plus favorable pour la cause
du sud. Le 10 octobre, le général Schofield expulsa du Missouri les
dernières bandes des confédérés. Quant au général Grant, qui s'é-
tait aventuré en plein territoire ennemi sur les frontières de l'état
du Mississipi, il n'avait jamais abandonné sa ligne d'opérations. Il
est vrai que son corps d'armée avait été considérablement affaibli
par les combats, les maladies et les emprunts que lui faisait le général Buell; toutefois l'heureux tacticien qui devait plus tard acqué-
rir tant de gloire à Vicksburg et à Chattanooga avait su maintenir
au moyen d'incessantes victoires le terrain précédemment conquis.
Le 19 et le 20 septembre, un de ses lieutenans, le général Rosecrans, chassant les confédérés de la station de Iuka, avait rouvert
à l'armée unioniste du Mississipi le chemin de Nashville et du Kentucky. Le 3 octobre, toutes les forces des rebelles, évaluées à

38,000 hommes et commandées par Van Dorn, Price et Lovell, attaquèrent la position de Corinth, où se trouvaient 20,000 fédéraux. Les tentatives de l'ennemi furent repoussées, et dans la soirée du 4 l'armée des assaillans, amoindrie de 8,000 hommes, était en pleine déroute.

Tandis que la fortune des armes redevenait favorable à l'Union, une victoire morale, bien plus importante que tous les succès militaires des Grant, des Buell et des Mac-Clellan, était remportée à Washington. Le président, mettant un terme à ses longues hésitations et comprenant enfin que l'esclavage est le véritable ennemi du peuple américain, osa prononcer la grande parole d'émancipation, conseillée par l'invincible logique des événemens. Le 22 septembre 1862, M. Lincoln rappela sommairement aux rebelles toutes les offres déjà faites, puis il leur annonça qu'au 1er janvier de l'année suivante « toutes les personnes tenues en esclavage dans chacun des états insurgés contre l'Union seraient libres dorénavant et à toujours, que le gouvernement exécutif des États-Unis, y compris les autorités militaires et navales, reconnaîtrait et maintiendrait la liberté de ces personnes, et n'interviendrait en aucune manière pour réprimer leurs efforts tentés en vue d'une complète indépendance. » Cet édit d'émancipation, si considérable dans l'histoire sociale des États-Unis, produisit en même temps les résultats les plus importans au point de vue militaire en fortifiant le pouvoir central. Les *républicains*, qui avaient élevé M. Lincoln au pouvoir, ne furent pas les seuls à le féliciter; les abolitionistes purs, qui formaient déjà un très grand parti, se rattachèrent franchement à l'administration, pour lui donner l'appui de leurs principes et de leurs convictions éprouvées; beaucoup de *démocrates*, jusqu'alors hostiles ou hésitans, se rallièrent aussi, parce que la parole émancipatrice annonçait pour l'avenir la fin de la lutte; enfin le 24 septembre, deux jours seulement après la publication de l'appel suprême fait par le président aux états insurgés, les gouverneurs de quinze états du nord se rendaient eux-mêmes ou se faisaient représenter par des tiers dans la petite ville pensylvanienne d'Altoona, pour y voter des résolutions approuvant la politique abolitioniste de M. Lincoln. Par ce vote de formelle adhésion, ils s'engagèrent à soutenir énergiquement dans toutes les circonstances l'autorité constitutionnelle du président, et promirent leur aide pour hâter l'époque du triomphe définitif et le retour de tous les rebelles à l'obéissance. Quant aux nègres du sud, que la proclamation appelait à la liberté, l'écho de leur joie se fit à peine entendre dans les états du nord; mais il n'en est pas moins certain que, devenus les partisans dévoués de l'Union par l'espérance d'être libres un jour, ils ont exercé sur l'issue de la guerre une influence peut-être décisive. Pourrait-on expliquer les prodigieuses campagnes que firent plus tard les Grant et les Sherman en plein pays ennemi, à 4 et 500 kilomètres de leurs bases d'approvisionnement, s'ils n'avaient compté d'une manière certaine sur l'enthousiasme et le dévouement des nègres, que la seule vue du drapeau fédéral rendait libres à jamais?

Si l'acte émané de l'initiative du président eut pour effet de fortifier l'administration dans les états du nord et de grouper plus solidement autour d'elle les divers partis unionistes, en revanche l'irritation fut profonde dans le sud, et la guerre prit un caractère de fureur et de sauvagerie qu'elle n'avait pas encore eu. Menacés dans cette propriété vivante pour la conservation de laquelle ils avaient brisé le pacte fédéral et s'étaient lancés dans la guerre, les planteurs ne songèrent pas un instant à profiter des cent jours de répit qui leur étaient accordés, ils ne songèrent pas davantage à décréter eux-mêmes l'affranchissement de tous leurs nègres, à leur distribuer des terres et à leur mettre des armes dans la main pour la défense de la patrie commune. Exaspérés surtout par l'enrôlement de leurs anciens esclaves dans les rangs des fédéraux, les chefs de la confédération répondirent à la proclamation du président comme si le droit des gens ne devait plus être observé entre les deux fractions hostiles de l'ancienne république. Le congrès confédéré de Richmond dénonça en M. Lincoln l'ennemi des droits sacrés de la propriété; il l'accusa de faire appel à l'insurrection servile et signala ses actes à l'exécration du genre humain. La majorité du sénat, emportée par la passion, décida qu'à partir du 1er janvier 1863 tous les officiers fédéraux faits prisonniers seraient condamnés aux travaux forcés jusqu'à la fin de la guerre ou jusqu'au retrait de la proclamation présidentielle, et que tous les officiers commandant des soldats nègres ou se permettant de libérer des esclaves seraient mis à mort sans forme de procès. En même temps M. Jefferson Davis fut autorisé à prendre toutes les mesures de vengeance qui lui sembleraient de nature à mettre un terme aux atrocités commises par les *Yankees*. Quelques membres du sénat de Richmond demandèrent même que le drapeau noir fût déployé et que la lutte devînt désormais une guerre d'extermination. Dans la chambre des représentans, M. Lyons, de la Virginie, proposa « d'offrir 20 dollars de prime et une pension annuelle de la même valeur à tout esclave ou nègre libre qui tuerait un unioniste après le 1er janvier 1863. » La législature de la Virginie déclara « qu'aucun citoyen n'aurait à rendre compte de sa conduite, s'il lui arrivait de tuer un homme qui tâcherait, même sans armes, de donner effet à la diabolique proclamation d'affranchissement. »

Il est triste de constater que ces résolutions de vengeance prises par le président et les assemblées délibérantes de la confédération esclavagiste ne restèrent pas tout à fait lettre morte. Trop souvent les menaces furent mises à exécution non sur les prisonniers blancs, envers lesquels on continua de respecter le droit des gens, mais sur les noirs que le sort de la guerre fit tomber entre les mains de leurs anciens maîtres. Que le soldat nègre capturé ait joui pendant toute sa vie de la liberté, ou qu'il ait récemment secoué la servitude, peu importe aux confédérés : ils ne considèrent pas les noirs captifs comme des prisonniers de guerre; ils massacrent les uns de sang-froid, font périr les autres sous le fouet, leur infligent le supplice infamant du gibet, ou bien encore, aussitôt après le combat, les expédient dans l'intérieur du pays et les font vendre comme esclaves. Ce sont là des faits dont les soldats de la confédération, fiers d'avoir accompli leur œuvre, ne craignent point de se vanter. Contre le nègre, le blanc peut se permettre toutes les infamies. Au mois de novembre 1863, la garnison d'une ville voisine de Charleston trouva plaisant de lancer en éclaireurs contre un bataillon fédéral de soldats noirs des limiers dressés à la chasse de l'esclave. Les nègres durent tuer les chiens à coups de baïonnette avant d'arriver aux maîtres, qui du reste furent battus, et se réfugièrent en toute hâte au-delà d'un *bayou* protecteur.

Devenu plus fort et plus résolu depuis la proclamation du président, le gouvernement fédéral put enfin entreprendre de réorganiser l'armée en l'employant uniquement à son œuvre de guerre et en empêchant les chefs, même les plus illustres, d'intervenir d'une manière directe dans les affaires de la république. Le 25 octobre, Buell, à qui on reprochait d'avoir fait preuve d'une déplorable faiblesse envers les esclavagistes et de n'avoir pas su détruire l'armée de Bragg aventurée dans le Kentucky, fut destitué de son commandement et remplacé par le général Rosecrans, l'un des vainqueurs de Iuka et de Corinth. Le 5 novembre, le général Mac-Clellan, cet habile tacticien que ses admirateurs se plaisaient à nommer le *jeune Napoléon*, dut également rentrer dans la vie privée et remettre au général Burnside la direction de l'armée du Potomac. Bien qu'il en coûtât au gouvernement fédéral d'infliger une destitution au vainqueur d'Antietam, cependant une mesure de ce genre était devenue absolument nécessaire pour sauvegarder la dignité du pouvoir exécutif et le jeu régulier des institutions républicaines. Personne ne contestait les talens du général Mac-Clellan comme organisateur et comme tacticien. Ceux qui lui avaient confié le commandement en chef de l'armée dans un moment de danger suprême eussent été mal venus à nier son mérite; mais ils l'accusaient à juste titre de se mettre au-dessus de la discipline et de se faire chef de parti au lieu de rester simple général. Quelques jours après avoir été forcé d'abandonner le siége de Richmond, il avait profité du premier moment de répit que lui laissait sa glorieuse, mais désastreuse campagne pour tracer au président Lincoln une ligne de conduite, pour lui recommander de ne pas intervenir entre le maître et l'esclave, de peur « qu'une déclaration de principes radicaux au sujet de la servitude des noirs ne démoralisât rapidement l'armée. » Plus tard, il avait longtemps refusé d'obéir aux dépêches du secrétaire de la guerre et du général Halleck, qui lui enjoignaient de quitter la péninsule de Richmond, et lorsqu'il commença l'évacuation de ses cantonnemens, il en avait reçu l'ordre depuis onze jours. Après la bataille d'Antietam et la retraite des confédérés dans la Virginie, un nouveau conflit s'était élevé entre le chef de l'armée du Potomac et le cabinet de Washington. En vain MM. Stanton et Halleck invitèrent-ils le général Mac-Clellan à continuer les opérations militaires pendant la saison favorable de l'automne, avant que le fleuve fût enflé par les pluies et que les chemins fussent complétement détériorés; en vain le général Halleck, en sa qualité de commandant en chef de l'armée, ordonna-t-il à son inférieur, le 6 octobre, de « traverser le Potomac, de livrer bataille à l'ennemi ou de le poursuivre dans la direction du sud. » Pendant quarante jours, Mac-Clellan resta en observation sur la rive gauche du Potomac, laissant ainsi à l'armée vaincue du général Lee tout le temps de se fortifier solidement et de se préparer à une nouvelle offensive. Un des chefs les plus audacieux du sud, le général Stuart, profita même de cette inactivité des fédéraux pour faire, à la tête de 1,800 cavaliers, une *razzia* de prisonniers et de bétail dans le Maryland et jusqu'à Chambersburg, en plein territoire de la Pensylvanie. Ce n'est pas tout : non content de considérer comme non avenus les ordres qui lui arrivaient de Washington, le général Mac-Clellan outre-passa les pouvoirs qui lui étaient conférés et se hasarda sur le terrain politique. Par un long ordre du jour daté du 7 octobre, il commenta la proclamation présidentielle d'affranchissement de manière à faire croire que les troupes étaient mécontentes d'un acte qui satisfaisait au contraire la masse de l'armée, composée en grande partie d'abolitionistes; il ne craignit pas de blâmer indirectement le président, tout en affectant de recommander à ses soldats la soumission à l'autorité civile. « Lorsque des erreurs politiques sont commises, disait-il dans son ordre du jour, le remède doit en être cherché seulement dans l'acte souverain du peuple parlant par la voix du scrutin. » Cette proclamation intempestive qui posait le général en chef de l'armée du Potomac en protecteur désintéressé du gouvernement ne fut pas sans doute une des moindres causes qui amenèrent sa destitution. Déjà deux fois depuis la bataille d'Antietam, le général Burnside avait, par un sentiment de modestie, refusé de prendre la succession de Mac-Clellan ; mais après l'ordre du jour du 7 octobre il n'hésita plus. Renvoyé dans ses foyers, le général Mac-Clellan perdit bientôt son titre de jeune Napoléon pour n'être plus qu'un simple citoyen, aspirant, comme tant d'autres, au fauteuil présidentiel.

Les rigueurs du froid n'interrompirent point les opérations militaires sur tous les points du territoire où les armées ennemies se trouvaient en présence : elles furent activées au contraire, principalement dans le voisinage de Washington, à cause de l'impatience générale qui se manifestait par les journaux, et, depuis le 1er décembre, par les discussions du congrès. Sachant qu'un temps précieux avait été perdu pour l'offensive après la victoire d'Antietam, l'opinion publique exigeait impérieusement une nouvelle et rapide campagne contre Richmond ou du moins l'abandon de cette stratégie expectante qui menaçait d'éterniser la guerre. De toutes parts on criait au général Burnside de marcher en avant. Du reste, le nom seul du successeur de Mac-Clellan semblait un gage de succès. C'est à Burnside que les fédéraux avaient dû un de leurs premiers succès militaires, la conquête du littoral et des baies intérieures de la Caroline du nord. Officier prudent, résolu, d'une persévérance à toute épreuve, il était aussi très soigneux du bien-être des soldats; lors de la prise du pont de l'Antietam, il s'était distingué non moins par sa sollicitude pour les troupes engagées que par sa bravoure héroïque. On espérait que, malgré les clameurs de l'opinion demandant à tout prix une victoire, il n'aurait garde de s'aventurer témérairement.

Les deux armées de Burnside et de Lee, se trouvant en présence à peu près à moitié chemin de Washington et de Richmond, n'étaient séparées l'une de l'autre que par le cours du fleuve Rappahannock. Les fédéraux occupaient la rive septentrionale, non loin d'Acquia-Creek, baie de l'estuaire du Potomac, d'où ils tiraient leurs approvisionnemens par un chemin de fer long de 15 kilomètres à peine : les confédérés s'étaient retranchés à près de 2 kilomètres au sud du Rappahannock et de la ville de Fredericksburg, sur des collines élevées, position dont toute la formidable importance fut comprise plus tard. Le 11 décembre, après avoir attendu pendant près d'un mois le matériel nécessaire au passage du fleuve, le général Burnside commença son mouvement d'attaque en jetant cinq ponts de bateaux sur le Rappahannock. Cent cinquante pièces de canon placées en face de Fredericksburg délogèrent les tirailleurs ennemis et détruisirent une partie de la ville. Le 12, les troupes de l'Union se trouvaient toutes sur la rive méridionale du fleuve; mais ce fut un jour trop tard. Lee, reconnaissant que le mouvement de Burnside n'était pas une feinte destinée à masquer d'autres opérations, eut le temps de concentrer toutes ses forces et de consolider ses retranchemens sur la ligne de hauteurs qui se développe en un demi-cercle convexe au sud de Fredericksburg et d'un méandre du Rappahannock. Le 13, de grand matin, l'assaut de ces redoutables positions commença sur plusieurs points, et bientôt les deux armées furent aux prises sur une ligne de bataille n'ayant pas moins de 10 kilomètres de longueur. De part et d'autre les combinaisons stratégiques se réduisirent à fort peu de chose pendant cette terrible journée. L'armée fédérale, composée de trois divisions que commandaient les généraux Sumner, Hooker et Franklin, n'avait d'autres ordres que de gravir les terrasses successives qui dominent le fleuve et d'escalader les hauteurs sous la protection de l'artillerie; les confédérés, encouragés par les trois hommes de guerre les plus remarquables du sud, Lee, Longstreet et Jackson, n'avaient qu'à défendre les pentes des collines et les retranchemens de la crête. Les assaillans s'épuisèrent en vains efforts; lorsque la nuit vint mettre un terme à la lutte, la gauche seule, commandée par le général Franklin, avait obtenu quelque succès : les forces de Jackson, le « mur de pierre, » avaient reculé de plus d'un kilomètre devant elle. Sur tous les autres points, la position des deux armées n'avait pas changé. Dans cette journée sanglante, les fédéraux subirent de bien plus grandes pertes que leurs adversaires: ils comptèrent plus de 10,000 morts et blessés, tandis que l'armée confédérée, grâce à son heureuse position, perdit 3,000 hommes à peine. Cependant le général Lee, respectant la fière attitude des unionistes, n'osa point utiliser la journée du lendemain pour descendre de ses retranchemens et fondre sur les vaincus. Durant la nuit du 15 au 16 décembre, le général Burnside put à loisir évacuer Fredericksburg et transférer son armée et tout son matériel sur la rive septentrionale du Rappahannock.

La rumeur fut grande à Washington, à New-York et dans tous les états du nord lorsque le désastre fut connu. C'était la quatrième campagne entreprise contre Richmond qui se terminait d'une manière fatale : l'échec du général Burnside ravivait le souvenir de l'insuccès des généraux Mac-Dowell, Mac-Clellan et Pope dans leurs tentatives précédentes. M. Stanton, secrétaire de la guerre, le général en chef Halleck, le président Lincoln, furent accusés avec violence par une grande partie de la presse de s'être arrogé sans nécessité la conduite exclusive des opérations militaires et d'avoir ordonné péremptoirement une attaque dont la réussite était impossible. Exagérée par le parti des démocrates franchement hostiles à l'administration républicaine, la défaite de Fredericksburg servit de texte à plusieurs manifestations bruyantes dans lesquelles le nom du général Mac-Clellan était invoqué comme celui d'un sauveur. C'est alors que le correspondant du *Times*, fidèle écho du parti de la paix à tout prix, écrivait au sujet du célèbre général ces étranges paroles : « C'est un homme dont la politique évidente et la sécurité personnelle exigent qu'il se fasse maître et dictateur. Mac-Clellan a de grandes chances de succès. Dans quelques jours, nous saurons s'il a le courage ou le désir de les utiliser pour le bien de son pays. » Quant aux républicains, s'ils épargnaient dans leurs accusations le président et le secrétaire de la guerre, ils étaient d'autant plus acharnés contre M. Seward, le secrétaire d'état. Tous les partis réclamaient quelque victime expiatoire du désastre de Fredericksburg. Le 17 décembre, la majorité du sénat accueillit une proposition infligeant un blâme spécial à la politique du secrétaire Seward, et déclara « que, dans son opinion, une réorganisation partielle du cabinet serait de nature à augmenter la confiance de la nation. » MM. Seward et Chase offrirent leur démission et demandèrent à se retirer dans la vie privée; mais le président, prenant chaudement la défense de ses ministres, déclara que le bien public exigeait le maintien du cabinet dans son entier. Du reste, le général Burnside s'empressa généreusement de reconnaître que la faute commise devait lui être attribuée, et dédaigna d'accuser des subordonnés qui ne l'avaient pas secondé comme ils auraient dû le faire. « Je dois tout, écrivit-il au général Halleck, je dois tout aux braves officiers et soldats qui ont accompli la tâche difficile de franchir une seconde fois la rivière sous le feu de l'ennemi. Quant à l'insuccès de l'attaque, c'est moi seul qui en suis responsable, car la bravoure, le courage et la persévérance des soldats n'ont jamais été surpassés, et certainement l'armée aurait emporté la position, si cela eût été possible... Ma responsabilité est d'autant plus grande que j'ai pris cette ligne d'opérations contrairement à votre opinion, contrairement à celles du président et du secrétaire de la guerre, et que vous avez laissé entre mes mains toute la conduite de l'armée sans me donner d'ordres spéciaux. » C'était demander d'être relevé de son commandement. En effet, quelque temps après, le général Hooker, qui pendant la bataille de Fredericksburg avait vaillamment mené à l'assaut la division du centre, remplaça le général Burnside comme chef de l'armée du Potomac.

Tandis que les événemens du Rappahannock remplissaient de deuil dix mille familles du nord et créaient de très sérieuses difficultés politiques à l'administration, les fédéraux éprouvaient un autre grave insuccès sur les bords du Mississipi. Après la conquête de la Nouvelle-Orléans par l'amiral Farragut et celle de Memphis par le commodore Davis, un seul point important était resté, entre

les deux villes, au pouvoir des confédérés : la petite ville de Vicksburg, située, dans l'état du Mississipi, sur une haute falaise qui
domine la rive gauche du grand fleuve, à quelques milles en aval
de l'embouchure du Yazoo. Cependant les escadrilles qui remon-
taient le Mississipi en venant de la Nouvelle-Orléans et celles qui le
descendaient en venant de Saint-Louis opéraient librement leur jonction au pied de la falaise, et quelques milliers d'hommes, prenant
les ouvrages à revers, auraient amplement suffi pour les détruire.
Nul doute que toutes les ressources militaires des états de l'ouest
n'eussent dû être immédiatement concentrées sur ce point, afin de
couper en deux la confédération rebelle et de s'emparer au plus tôt
de la grande artère centrale du continent, de ce fleuve gigantesque
dont la possession entraînera nécessairement tôt ou tard celle de
toutes les contrées que ses affluens arrosent; mais les autorités militaires de Washington avaient eu le tort de considérer les fortifications de Vicksburg comme n'étant pas de nature à résister longtemps, et, déçues, aussi bien que les populations elles-mêmes,
par une véritable illusion d'optique qui leur faisait accorder plus
d'importance aux positions stratégiques les plus rapprochées, elles
avaient donné toute leur attention aux sanglantes péripéties de la
guerre du Potomac. Certes la conquête définitive des bords de ce
petit fleuve virginien ne saurait être comparée pour la grandeur
des résultats à la possession du grand Mississipi; néanmoins c'est
vers la première entreprise que le gouvernement des États-Unis
dirigeait ses principaux efforts.

Pendant ce temps, les confédérés augmentaient en silence les fortifications de Vicksburg, et, s'établissant sur d'autres falaises situées
plus au sud, les transformaient peu à peu en une redoutable citadelle. Enfin le général Sherman reçut l'ordre d'attaquer Vicksburg.
Tandis que Grant coupait les lignes de chemins de fer dans le nord
de l'état, afin d'isoler la place, Sherman remontait la rivière du
Yazoo et débarquait 40,000 hommes de troupes à 10 kilomètres en
arrière de Vicksburg, au pied d'une colline qui portait les ouvrages
extérieurs de défense. L'attaque commença le 27 décembre. Les fédéraux franchirent sans grandes pertes le *bayou* marécageux qui
longe le pied de la colline, puis ils escaladèrent les pentes sous le feu
convergent des batteries ennemies. Après un combat acharné, ils
s'emparèrent des deux premières lignes de retranchemens. Le 28,
ils avaient refoulé les séparatistes à une distance de plus de 6 kilomètres et combattaient pour la possession de la crête des falaises;
mais le 29 décembre la garnison, ayant été renforcée par des troupes
fraîches qui avaient évité les forces du général Grant, réussit à rejeter les assaillans dans la vallée du Yazoo. Le général Sherman dut
renoncer à toute espérance de succès, et le 1ᵉʳ janvier 1863 il cé-

dait au général Mac-Clernand le commandement de son armée, diminuée de 2,000 hommes tués, blessés ou prisonniers. Le nouveau chef ne perdit pas un instant pour éloigner ses troupes des bords du Yazoo; mais au lieu de les ramener simplement à Memphis, ainsi qu'elles s'y attendaient, il leur fit remonter l'Arkansas et mit à l'improviste le siége devant Arkansas-Post, ancien village que des colons français ont bâti en 1685 sur une berge élevée. Cette place, qu'une petite armée texienne avait solidement fortifiée, barrait le chemin de Little-Rock, capitale de l'état, et constituait le principal boulevard de défense de tout le bassin de l'Arkansas. Aidé par la flottille de l'amiral Porter, le général Mac-Clernand réussit à investir complétement le fort, et le 11 janvier, après plusieurs heures de bombardement, il ordonna l'assaut. Au même instant, le drapeau blanc fut arboré par les assiégés sur les murailles, et la garnison, forte de 4,500 hommes, se rendit prisonnière de guerre. Par cet heureux coup de main, qui releva le moral du corps expéditionnaire, et qui coïncidait avec d'autres succès importans des généraux du nord Herron et Blunt, à Fayetteville, à Prairie-Grove, dans les Boston-Mountains et sur les bords de l'Arkansas, la moitié septentrionale de l'état du même nom tombait au pouvoir des unionistes.

Dans le Tennessee central, les opérations militaires du général Rosecrans furent également couronnées de succès, et compensèrent en partie, dans l'opinion publique, le fâcheux effet produit par les deux échecs de Fredericksburg et de Vicksburg. Après la bataille de Perryville, l'armée confédérée commandée par le général Bragg avait pénétré dans la haute vallée du Tennessee en traversant les montagnes du Cumberland; puis, faisant un grand détour au sud. par Knoxville et Chattanooga, elle s'était dirigée au nord-ouest, vers la capitale de l'état, parallèlement à la ligne du chemin de fer. De son côté, le général Rosecrans, marchant au sud-est, s'était porté directement à la rencontre de l'ennemi. Le 26 décembre, les deux armées se trouvèrent en présence sur les bords de la rivière Stone. à une faible distance au nord de la ville de Murfreesborough, et des escarmouches, préliminaires d'une grande bataille, commencèrent aussitôt. Le 30, la division du général Mac-Cook, qui formait la droite de l'armée fédérale, fut chargée de tenir l'ennemi en respect au moins pendant trois heures, afin de donner à la division Crittenden le temps de faire un détour à l'est de la rivière Stone pour attaquer les confédérés en flanc et à revers. Malheureusement les soldats de Mac-Cook, distribués sur une ligne de bataille beaucoup trop étendue, ne purent résister au choc violent des troupes du sud; après avoir été plus que décimés par un furieux assaut de la division confédérée du général Cheatham, ils reculèrent en abandonnant presque toute leur artillerie sur le théâtre du combat. Déjà les séparatistes se croyaient vainqueurs : ils avaient repoussé de 7 kilomètres la droite des fédéraux et capturé vingt-huit pièces de canon, tandis que leur cavalerie, beaucoup plus nombreuse que celle de leurs adversaires, faisait complétement le tour de l'armée du nord, et s'emparait des trains, des équipages, des ambulances. Le général Rosecrans, vaincu dans cette première bataille, ne perdit pas un instant pour opérer un changement de front en vue d'une seconde lutte. Rappelant la division Crittenden et se bornant d'abord à la défensive, il établit solidement ses troupes sur des renflemens de terrain que parsèment des bouquets de cèdres et que bornent au sud de vastes espaces libres où les corps ennemis ne pouvaient s'aventurer sans être fauchés par la mitraille. Pendant trois jours, l'armée de Bragg essaya vainement d'entamer la masse compacte que lui présentaient les régimens fédéraux; elle fut décimée par l'artillerie, et dans une dernière tentative elle perdit 2,000 hommes en moins de quarante minutes. Ce fut le dernier épisode de la sanglante bataille. Pendant la nuit du 2 au 3 janvier, les confédérés battirent en retraite, et le 5 janvier le général Rosecrans fit son entrée à Murfreesborough. La victoire qu'il venait de gagner, et dont l'issue avait été si longtemps incertaine, est l'une des plus sanglantes qui aient été livrées sur le sol américain. Environ 9,000 fédéraux, c'est-à-dire le cinquième de l'armée, furent tués ou blessés. La perte des séparatistes dépassa le chiffre de 12,000 hommes, sans compter les prisonniers.

Après cette terrible rencontre, une espèce de trêve, à peine troublée par d'insignifiantes escarmouches et des expéditions sans portée, régna dans l'immense territoire que l'esclavage et la liberté se disputaient des bords du Potomac à ceux de la Rivière-Rouge. Les rigueurs de l'hiver et peut-être aussi une véritable lassitude, provenant de part et d'autre d'un certain équilibre des forces, firent remettre au printemps les sérieuses opérations militaires. D'ailleurs il était indispensable de réorganiser les deux armées en prévision des campagnes futures. En janvier 1863, la liste des absens du service ne s'élevait pas à moins de 8,987 officiers et de 282,073 soldats pour tous les régimens du nord, dont la force nominale était de 700,000 hommes. Sur ce nombre énorme d'absens, on comptait dans les hôpitaux 130,000 blessés et malades : la majorité de ceux qui manquaient à l'appel consistait donc en traînards, en maraudeurs et réfractaires. Le congrès dut venir en aide au pouvoir exécutif : il lui donna le droit de recruter une nouvelle armée par un système de conscription applicable à tous les citoyens de l'Union âgés de vingt à quarante-cinq ans.

II. — LES OPÉRATIONS MILITAIRES AU PRINTEMPS DE 1863. — VICKSBURG, CHARLESTON, CHANCELLORSVILLE.

Au printemps de 1863, les fédéraux reprenaient partout l'offensive, sur les bords du Mississipi, en Louisiane, dans la Caroline du sud, en Virginie. Du reste, l'hiver et l'insuccès du général Sherman devant Vicksburg n'avaient interrompu que pour quelques semaines les opérations militaires entreprises contre la forteresse qui fermait le grand fleuve aux flottes de l'Union : dès la fin de janvier, le général Grant, appelé à diriger le siége, débarquait avec son armée sur la longue péninsule basse du village de Soto, qu'entourent un vaste méandre du Mississipi et par-delà cette nappe circulaire d'eau courante les falaises et les collines de Wallnut-Hills, de Vicksburg, de Warrenton, semblables aux parois d'un immense amphithéâtre.

L'occupation de Vicksburg par les confédérés n'eût pas eu grande importance au point de vue stratégique, si une autre place de guerre, située également sur les bords du fleuve, ne s'était trouvée en même temps au pouvoir des rebelles. Pendant l'hiver, ceux-ci, profitant du répit que leur donnait le général Banks, occupé sur la côte du Texas et sur les *bayous* du delta mississipien, s'étaient solidement retranchés au sommet de la falaise verticale de Port-Hudson qui domine la rive gauche du Mississipi, à 270 kilomètres en amont de la Nouvelle-Orléans et à 400 kilomètres en aval de Vicksburg. La garnison de cette dernière forteresse devait accomplir la tâche difficile d'arrêter au passage la flotte cuirassée de l'amiral Porter et l'armée du général Grant, formée de ces rudes soldats du nord-ouest, qui, depuis le commencement de la lutte, n'avaient guère compté que des victoires. Port-Hudson, aussi bien fortifié que Vicksburg par la nature, mais défendu par un moins grand nombre de troupes, devait barrer la route à l'escadrille de l'amiral Farragut et à la petite armée du général Banks, composée seulement de quelques milliers d'hommes. Ensemble les défenseurs des deux places de guerre avaient pour mission de conserver à la confédération esclavagiste une section très importante du cours mississipien et de ne laisser aux fédéraux d'autre chemin vers la Nouvelle-Orléans que celui de la mer. Ce qui augmentait aux yeux des hommes du sud l'importance capitale de la section du grand fleuve qu'ils occupaient, c'est que la Rivière-Rouge se déverse dans le Mississipi entre les deux citadelles, et que par cette artère fluviale ils pouvaient recevoir librement les bestiaux du Texas, le sel de la Louisiane et les munitions de guerre expédiées de Matamoros. Au commencement de 1863, le cabinet de Washington, comprenant enfin la faute qu'il avait commise pendant l'été de l'année précédente en n'ordonnant pas l'occupation des falaises de Port-Hudson et de Vicksburg, qui étaient alors des proies faciles, fit les plus grands efforts pour réparer sa fatale négligence, et mit sous les ordres du général Grant et de l'amiral Porter sa plus belle armée et sa plus forte escadre de vapeurs blindés. De son côté, le gouvernement séparatiste, sachant que la perte définitive du Mississipi entraînerait tôt ou tard la ruine complète du sud comme nation indépendante, ne cessait d'envoyer aux deux places menacées des soldats, des approvisionnemens et des munitions de guerre. Le président Jefferson Davis se rendit lui-même à Vicksburg pour animer les défenseurs à une résistance acharnée. Dans sa harangue, il exprima le vrai mot de la situation : « Que ces deux boulevards de notre liberté résistent, et la confédération vivra; qu'ils tombent, et la confédération s'écroule avec eux. »

Le premier but du général Grant devait être évidemment d'isoler Vicksburg, ou du moins de couper cette place de ses communications avec Port-Hudson, en s'emparant de la partie du fleuve comprise entre les deux villes. Au premier abord, cette œuvre paraît assez facile. Pendant l'été de 1862, le général unioniste Williams avait eu l'ingénieuse idée de tracer un canal à travers l'isthme étroit qui sépare deux méandres du Mississipi, en amont et en aval de Vicksburg. Une fois creusé, ce canal, livrant passage aux eaux du grand fleuve, eût épargné aux navires fédéraux un détour de 30 kilomètres, et, chose bien plus importante, il leur eût permis d'éviter les batteries de Vicksburg et de voguer librement sur tout le cours du Mississipi, de Saint-Louis à la Nouvelle-Orléans; mais les travaux sérieux furent à peine commencés en 1862, et lorsque le général Grant arriva devant Vicksburg, la tranchée du canal était déjà presque entièrement comblée par les boues. On se remit à l'œuvre avec énergie. Le tracé fut modifié afin de donner une plus grande force d'érosion au courant du fleuve, et bientôt les soldats de plusieurs régimens et des milliers de nègres recrutés sur les plantations voisines enlevaient la terre d'alluvions sur toute l'étendue du canal projeté. A quelques pieds de profondeur, l'abondance de l'eau boueuse qui pénètre le sol empêcha la continuation des travaux. On introduisit alors directement les eaux du Mississipi dans la tranchée afin que cette masse liquide, trouvant tout à coup une issue en ligne droite sur le plan incliné de l'isthme, se creusât à elle-même son lit; mais sous la couche superficielle des alluvions s'étend en cet endroit, comme dans toute la partie centrale de la vallée du Mississipi, une assise d'argile compacte et presque rocailleuse que le courant du fleuve ne parvint pas à entamer. De petits vapeurs seulement, des transports d'un faible tirant d'eau purent s'engager dans la brèche de l'isthme et gagner l'anse méridionale du méandre en aval de Vicksburg; mais, lorsqu'ils y arrivèrent, les confédérés avaient déjà planté sur la rive opposée des batteries qui commandaient le débouché du canal, ôtant ainsi toute importance stratégique à cette voie navigable. Puis un brusque contre-temps vint tout à coup mettre un terme aux travaux de creusement. La grande crue fluviale du printemps atteignit une hauteur imprévue et menaça de crever les levées qui protégent la péninsule contre l'invasion des eaux. Le travail changea de nature. Au lieu d'ouvrir un passage au Mississipi, les soldats durent maintenant lutter de toutes leurs forces contre la pression du grand fleuve suspendu pour ainsi dire au-dessus de leurs têtes. En dépit de ce labeur désespéré, le rempart circulaire céda en divers endroits, et des torrens d'eau s'abattirent sur les parties basses du camp. L'armée fut obligée d'abandonner en toute hâte sa base d'opérations et de se réfugier plus au nord, à l'anse du grand méandre de *Milliken's-Bend*. Tous ces va-et-vient et ces travaux inutiles faisaient la joie de la garnison de Vicksburg, qui du haut de son promontoire voyait l'armée fédérale s'agiter au loin dans la plaine.

Dès qu'il eut compris l'inutilité du canal de la péninsule, le général Grant s'occupa de créer une autre voie navigable aux navires de l'Union. A 100 kilomètres au nord de Vicksburg, dans la plaine alluviale qui s'étend à l'ouest du Mississipi, se trouve le lac semi-circulaire de Providence, qui fut autrefois un méandre du fleuve, et qui en est actuellement séparé par une zone de terrains bas en partie cultivés et par une forte levée d'argile. Diverses *coulées* et *fausses rivières* font communiquer ce lac avec le bayou Maçon, le bayou Tensas et la Rivière-Noire, dont les eaux se déversent dans la Rivière-Rouge, affluent du Mississipi. Espérant que par ce long détour une partie de la flotte fédérale pourrait gagner l'embouchure de la Rivière-Rouge et bloquer Vicksburg en aval, le général Grant fit percer la levée de Providence. L'eau du fleuve se précipita par la brèche, inonda les plantations et fit déborder les bayous de l'intérieur; mais ces ruisseaux tortueux, obstrués de branches et de troncs, n'en devinrent guère plus navigables, et les pilotes n'osèrent y aventurer leurs navires.

A l'est du Mississipi, l'infatigable Grant s'occupait aussi de travaux de canalisation afin de tourner la place de Vicksburg et de la priver de ses communications avec les riches contrées qu'arrosent le Yazoo et ses affluens. Ne pouvant renouveler l'entreprise du général Sherman et remonter directement le Yazoo, dont les confédérés commandaient l'entrée par de puissantes batteries, Grant et l'amiral Porter devaient là aussi se mettre à la recherche de bayous de communication. Ces canaux naturels, aux eaux lentes et noirâtres, abondent dans la zone de terrain qui sépare du Mississipi le

Yazoo et son affluent le *Sunflower*. Autrefois, notamment en 1782 et en 1828, tout cet espace, dont la largeur moyenne est d'environ 50 kilomètres, était complétement noyé par les eaux d'inondation pendant les crues exceptionnelles, et les rares habitans cherchaient alors un asile sur les monticules artificiels élevés dans les temps anciens par les peaux-rouges. Depuis la colonisation et la mise en culture du pays, ces terres basses, où de riches plantations cotonnières ont remplacé la forêt vierge, sont défendues contre le Mississipi par de fortes levées qui, en certains endroits, n'ont pas moins de 13 mètres de haut et 96 mètres de large; mais les inondations du grand fleuve ont laissé des traces de leur passage dans le Mud-Creek, le Deer-Creek, le Steel-Creek, le Sunflower, le Yazoo-Gate et tant d'autres fausses rivières et lagunes dont le réseau partage le sol en d'innombrables parcelles. C'est à travers ce dédale d'eaux presque stagnantes que se dirigèrent, un peu à l'aventure, les canonnières de l'amiral Porter, tantôt voguant librement sur des lacs profonds, tantôt se glissant par d'étroits fossés obstrués de boues et de troncs d'arbres. Cette étrange et pénible navigation, qui eût pu finir d'une manière désastreuse pour les fédéraux, si la flottille était restée emprisonnée dans quelque bayou, se continua pendant près d'un mois et demi; les marins détruisirent d'une manière effective toutes les communications de Vicksburg avec les comtés du nord, et s'emparèrent d'une grande quantité de coton; en outre les confédérés brûlèrent eux-mêmes les entrepôts et les granges sur toutes les plantations riveraines que leurs adversaires menaçaient d'une visite. Arrivés dans le Haut-Yazoo, les navires essayèrent en vain de réduire le fort Greenwood, construit à l'embouchure de la rivière Tallahatchie, et, craignant d'être enfermés, ils durent rebrousser chemin pour rentrer dans le Mississipi.

Pendant que ces diverses tentatives étaient faites inutilement pour tourner la place de Vicksburg, soit par le canal, soit par les voies indirectes des bayous, l'amiral s'occupait aussi de forcer directement le passage. Cette entreprise était périlleuse. Il ne s'agissait de rien moins que de descendre à toute vapeur le fil du courant qui rase le pied des Wallnut-Hills et des collines de Vicksburg, et pendant cette course de 14 kilomètres il fallait essuyer le feu de cent pièces de canon, parer le choc de quelques bateaux confédérés, éviter le banc de sable qui s'étend au loin dans le fleuve au large de la péninsule. Le colonel Ellet, commandant le vapeur *Queen of the West*, résolut de tenter l'aventure avec un équipage de cent volontaires. Le 2 février, le bateau, dont les bordages sont protégés par des balles de coton, cherche à se glisser le long de la rive droite du fleuve avant de se lancer dans le redoutable détroit; mais il est bientôt aperçu. Il s'engage alors hardiment sous le canon de la place, heurte en passant un vapeur confédéré qu'il démolit presque en entier, puis, se dégageant péniblement de cette ruine, recommence sa course. Dix boulets le frappent, mais aucun ne l'atteint à la machine ou dans les œuvres vives; un incendie se déclare à bord, mais on l'éteint tout en rendant coup pour coup aux batteries ennemies. Enfin le passage est franchi; la *Queen of the West* jette l'ancre près de la rive droite du Mississipi, hors de la portée des boulets de Vicksburg, et, revenant rapidement par la péninsule, la plupart des matelots de l'équipage vont recevoir les félicitations de leurs compagnons d'armes.

Ainsi un navire de la flotte fédérale avait réussi à pénétrer dans la partie du cours mississipien comprise entre les deux forteresses de Vicksburg et de Port-Hudson. C'était un succès inespéré; mais la *Queen of the West* n'en était pas moins dans une position des plus critiques. Elle se trouvait en plein domaine confédéré, enfermée avec une flottille ennemie, menacée par tous les canons des villes qui bordent le fleuve sur une longueur de 400 kilomètres. Le colonel Ellet n'hésita pas longtemps sur ce qu'il avait à faire. Immédiatement après avoir réparé les avaries de son navire, il continua sa marche vers Port-Hudson, brûla toutes les embarcations ennemies qu'il rencontra, s'empara de transports chargés de vivres, et à lui seul bloqua l'embouchure de la Rivière-Rouge. Malheureusement, trop confiant dans sa fortune, il se laissa conduire par un pilote louisianais sous le feu d'une batterie confédérée du fort de Russey : la chaudière, traversée par un boulet, fit explosion, et les hommes de l'équipage durent s'échapper sur des balles de coton pour gagner un vapeur qu'ils avaient capturé la veille. Quelques heures auparavant, une canonnière cuirassée, l'*Indianola*, avait, à la faveur de la nuit, forcé le passage de Vicksburg sans être frappée par les boulets; mais elle arriva trop tard : déjà l'éveil était donné, toute une flotte de vapeurs armés dans la Haute-Louisiane descendait la Rivière-Rouge, la *Queen of the West* réparée devenait le vaisseau amiral des confédérés, et dès le 24 février elle aidait à capturer l'*Indianola*, après un combat d'une heure et demie livré sous les falaises de Grand-Gulf. Dès lors il devint évident qu'à moins d'un changement de tactique, le passage direct des canonnières sous le feu des batteries de Vicksburg n'aurait d'autre résultat que de donner une flotte aux rebelles. Les assiégés étaient toujours sur le qui-vive. Afin de les prendre en faute ou de leur faire dépenser inutilement leurs munitions, les fédéraux lancèrent deux fois durant la nuit des *quaker gun-boats*, misérables radeaux auxquels ils avaient donné, au moyen de poutres et de barils superposés, une vague ressemblance avec des batteries flottantes. Chaque fois ces prétendues embarcations étaient criblées de boulets.

Chose étonnante et qui semblerait incroyable, si elle n'était confirmée par les dépêches du général Pemberton, défenseur de Vicksburg, un de ces fantastiques vaisseaux parut tellement redoutable aux confédérés qu'ils s'empressèrent de faire sauter l'*Indianola* pour l'empêcher de tomber entre les mains de l'ennemi.

Ce que l'amiral Porter avait tenté vainement pour tourner Vicksburg, l'amiral Farragut l'entreprit avec plus de succès devant Port-Hudson. Au milieu de la nuit du 13 au 14 mars, il arrive au pied de la première falaise, non pas avec un seul navire, mais avec toute une flotte de quatorze vaisseaux, canonnières et bateaux à mortiers, car il ne s'agissait pas seulement d'essuyer le feu de pièces placées en batterie sur une longueur de 6 kilomètres, il fallait aussi vaincre un rapide courant de 5 ou 6 nœuds à l'heure. Les confédérés étaient avertis; de grands feux, allumés sur la rive droite, illuminaient de leurs reflets toute la surface du fleuve. Le vaisseau-amiral le *Hartford*, entré le premier dans le terrible défilé, engagea la lutte avec les redoutes des falaises, et, suivi de tous les autres navires, qui rendaient comme lui feu pour feu, il fendit le courant à force de vapeur. Le combat, sans cesse déplacé à mesure que la flotte arrivait en face d'autres batteries, dura près de deux heures; mais de temps en temps un navire dont la machine était brisée par les boulets se détachait du convoi, et, porté sur le fil du courant, descendait pour aller jeter l'ancre en aval des fortifications ennemies. Les deux beaux vaisseaux le *Monongahela* et le *Richmond* furent ainsi mis hors de combat. Le *Mississipi* s'échoua sur un banc de sable en face de la plus formidable batterie de Port-Hudson, et devint la cible des boulets : incendié par son propre équipage et s'allégeant peu à peu de son poids sous l'action des flammes, il se remit à flot et descendit majestueusement le fleuve en lançant dans toutes les directions les obus que la chaleur de l'immense foyer faisait éclater. Deux vapeurs seulement réussirent à forcer complétement le passage, le vaisseau-amiral et la canonnière *Albatross*. Il était à craindre que ces deux navires ne partageassent le sort de la *Queen of the West* et de l'*Indianola*, et ne fussent à leur tour capturés par les confédérés; mais il n'en fut rien. Le 17, l'amiral Farragut obtenait la reddition de la ville de Natchez; le 21, il arrivait en aval des batteries de Vicksburg. Encouragé par le demi-succès de son frère d'adoption, David Farragut, l'amiral David Porter voulut tenter un nouvel effort, et le 25 deux nouvelles canonnières passaient sous le feu de Vicksburg : l'une chavira et sombra, l'autre, le *Switzerland*, eut sa machine transpercée d'un boulet; mais, grâce au courant du Mississipi, elle atteignit l'endroit où l'attendaient les deux vapeurs de Farragut. Avec sa flottille de trois bateaux, l'amiral devint maître du fleuve. Tandis que l'escadre confédérée, descendue vers le littoral de la mer par l'Atchafalaya, cherchait vainement à défendre l'embouchure de ce bayou contre une flottille partie de la Nouvelle-Orléans, et tout entière était livrée aux flammes, les équipages fédéraux du *Hartford* et de ses deux compagnons détruisaient les transports du sud, bombardaient les redoutes, enlevaient le coton des plantations et bloquaient complétement l'embouchure de la Rivière-Rouge. Enfin, le 16 avril, huit autres canonnières, sous les ordres de l'amiral Porter, réussirent à forcer le blocus de Vicksburg; le 23, une autre flottille dépassa les batteries avec le même succès. Désormais le fleuve était reconquis, et les deux forteresses confédérées restaient définitivement isolées l'une de l'autre.

Il était aussi très important de les isoler de leurs communications avec l'intérieur, de couper les chemins de fer de l'état du Mississipi, de détruire les locomotives, de renverser les ponts, de brûler les approvisionnemens de toute espèce qui se trouvaient dans les principales stations. C'est le colonel de cavalerie Grierson que le général Grant chargea de cette expédition périlleuse. La course qu'il devait fournir avec sa brigade était de 600 kilomètres en ligne droite, mais en réalité elle n'était pas moindre de 800 kilomètres, car il fallait éviter, par un grand détour vers l'est, l'armée de Johnston, dont le quartier-général était à Jackson, au centre de l'état. Les cavaliers, partis le 17 avril de Lagrange, village situé sur la frontière du Tennessee, rejoignirent le 2 mai l'armée du général Banks, qui les attendait à Bâton-Rouge, siége du gouvernement de la Louisiane. Pendant cette course effrénée à travers le territoire ennemi, ils avaient fait en moyenne 55 kilomètres par jour, tantôt opérant par détachemens isolés afin de détruire les chemins de fer et les télégraphes sur un plus grand nombre de points, tantôt réunis en un seul corps lorsqu'ils se préparaient à livrer un combat. Chaque jour, ils devaient entrer à l'improviste dans quelque village pour y trouver des vivres et des chevaux frais; chaque jour, il leur fallait déjouer les poursuites et devancer les messagers qui portaient la nouvelle de leur passage. La dernière étape de cette expédition fut la plus pénible : les cavaliers fournirent en trente heures une course de 128 kilomètres et trouvèrent encore le temps de détruire des magasins d'approvisionnemens, de livrer des ponts aux flammes, de passer une rivière à la nage et de s'ouvrir deux fois un chemin à travers des troupes ennemies. L'histoire de la guerre américaine n'offre pas d'exemple de faits d'armes plus audacieux que l'expédition de la colonne de cavalerie commandée par Grierson.

Avant de connaître l'heureuse issue de cette marche forcée, le général Grant commença le mouvement tournant qui devait lui per-

mettre d'investir enfin cette place en vue de laquelle il était depuis
si longtemps campé. Abandonnant ses cantonnemens de Milliken's-
Bend, il fit prendre à son armée les routes boueuses qui longent la
rive droite du Mississipi, et bientôt il arrivait en face de Grand-
Gulf, petite ville située à 90 kilomètres de Vicksburg et dominée par
de hautes falaises où les confédérés érigeaient en toute hâte de puissantes batteries. Tandis que les canonnières fédérales démolissaient
ces fortifications improvisées, qui dans l'espace de quelques semaines eussent pu devenir un autre Vicksburg, l'armée débarquait
à une petite distance en aval, et commençait immédiatement sa
marche dans la direction du nord-est, à travers un pays très acci-
denté et coupé de ravins profonds. Dès le lendemain, elle se heurtait contre l'ennemi, près de la ville de Port-Gibson, et le mettait
en déroute en lui faisant un millier de prisonniers. Le 12, elle at-
teignait Raymond, à l'est de Vicksburg, et battait les troupes peu
nombreuses que lui opposait le général Gregg. Deux jours après, elle
entrait à Jackson, capitale du Mississipi et point de croisement des
deux grands chemins de fer de l'état. Le 16 et le 17, nouvelles batailles sur la route de Vicksburg; le général Pemberton, défait, se
réfugia dans les murs de la place, abandonnant dix-huit pièces
d'artillerie et laissant 3,000 prisonniers entre les mains des fédéraux. De son côté, la flotte n'était pas inactive : l'amiral Porter pénétrait dans la rivière Yazoo, au nord de Vicksburg, et, s'emparant
des batteries de *Haine's-Bluff* que l'ennemi évacuait rapidement
afin de ne pas être pris entre deux feux, se mettait en communication directe avec l'armée fédérale. Le 21, la place était complétement investie, et les assiégés offraient au général Grant de l'a-
bandonner avec l'artillerie et les munitions de guerre, à la condition
de pouvoir rejoindre librement les forces de Johnston. Grant refusa,
et, croyant sans doute l'ennemi plus affaibli qu'il ne l'était, ordonna
pour le lendemain un assaut général. Cet assaut ayant été repoussé
après un combat sanglant, les fédéraux durent se résigner à entreprendre un siége régulier. Du reste, le résultat définitif ne pouvait
être douteux. La place devait nécessairement tomber tôt ou tard, si
l'armée de Johnston ne réussissait pas dans l'œuvre difficile de percer les lignes fédérales et de ravitailler la garnison.

Les opérations tentées à la même époque contre Port-Hudson par
le général Banks et l'amiral Farragut étaient pour ainsi dire une
répétition exacte des mouvemens accomplis par le général Grant et
l'amiral Porter devant la place de Vicksburg. Après avoir parcouru
les bords de la Rivière-Rouge pour détruire les dépôts d'approvisionnemens et les convois des confédérés, l'armée de Banks débar-
qua le 21 mai à Bayou-Sara, entre Port-Hudson et Bâton-Rouge,

culbuta les troupes ennemies le 23, et le 25 vint mettre le siége
devant ces formidables ouvrages dont les batteries avaient naguère
fait tant de mal à la flotte de l'amiral Farragut. Dès le 25 au soir,
la garnison abandonnait la ligne extérieure des fortifications, et le
27 l'armée de l'Union tentait un assaut général. Le combat dura
huit heures avec un acharnement sans pareil. Les hommes de couleur se distinguèrent surtout par leur bravoure. Dans son rapport,
le général Banks leur rendit ce témoignage, que « leur conduite
avait été vraiment héroïque, » et qu'il serait impossible de les « dépasser en résolution et en audace. » Un des régimens africains de la
Louisiane, composé de 900 hommes, pénétra jusque dans la place;
mais, n'étant pas soutenu, il fut accablé par le nombre. Ces hommes
de couleur, naguère esclaves ou avilis, luttèrent contre leurs anciens
maîtres avec une véritable fureur; après avoir épuisé leurs munitions, ils se défendirent avec les crosses de leurs fusils, puis avec
les mains et les dents : aucun d'eux ne demanda quartier. Trois
cents hommes seulement revinrent dans les lignes fédérales, laissant
six cents de leurs frères en dedans des remparts ennemis. Sur
presque tous les autres points, les assaillans furent également repoussés. A Port-Hudson comme à Vicksburg, les fédéraux durent
avoir recours au long et fatigant labeur d'un siége régulier.

Tandis que les efforts de la principale armée fédérale et des flot-
tilles de Porter et de Farragut se concentraient sur les deux forteresses qui barraient encore le cours du Mississipi, la flotte de
l'amiral Dupont, aidée de quelques troupes de débarquement, opé-
rait sur les côtes de l'Atlantique contre les abords de Savannah et
de Charleston. Au point de vue purement stratégique, les diverses tentatives faites sur le littoral de la Georgie et de la Caroline
du sud n'avaient pas grande importance, car elles ne pouvaient
avoir pour résultat la conquête d'une partie notable du territoire
des rebelles; mais elles animaient un peu la vie des marins chargés
de surveiller les rivages, contribuaient à rendre le blocus effectif, et
forçaient l'ennemi à maintenir des garnisons considérables dans
toutes les villes menacées. D'ailleurs les opérations navales des fédéraux avaient pour conséquence de mettre à l'épreuve la prétendue invulnérabilité des vaisseaux cuirassés, et de constater les qua-
lités et les défauts de chaque type de navire comme instrument de
combat. Les *monitors* ou bateaux à coupole remportèrent quelques
succès sur les côtes mal défendues, l'un d'eux réussit même à détruire complétement, à la distance de plus d'un kilomètre, le fameux corsaire *Nashville*, échoué sur un banc de sable de la rivière
Ogeechee; mais les navires de ce genre n'obtinrent aucun résultat
sérieux à l'attaque de fortifications régulières. Le 3 mars, trois monitors, le *Passaic*, le *Patapsco* et le *Nahant*, assistés de plusieurs ba-

teaux à mortiers, prirent position devant le fort de Mac-Allister, qui défend l'embouchure de la rivière Ogeechee et la ville de Savannah, et le bombardèrent à 1,200 mètres de distance moyenne. Pendant sept heures, les énormes boulets du poids de 150 kilogrammes et les obus de 40 centimètres de large firent voler en tourbillons le sable et la terre des remparts, dont l'épaisseur n'est pas moindre de 12 mètres; mais ils ne réussirent pas même à démonter un seul canon. Il est vrai que les bateaux cuirassés furent aussi invulnérables que le fort. L'armure du *Passaic*, après avoir été frappée trente-sept fois, offrait à peine quelques égratignures.

L'amiral Dupont, mal dirigé peut-être par des ordres venus de Washington, consentit à mettre son escadre cuirassée à une nouvelle épreuve bien plus redoutable que la première, et le 7 avril il franchit hardiment la barre de Charleston. La flotte fédérale se composait d'une grande frégate cuirassée de 12 canons, le *New-Iron-sides*, de la canonnière blindée le *Keokuk* et de sept monitors à coupole tournante, le *Passaic*, le *Weehawken*, le *Montauk*, le *Patapsco*, le *Catskill*, le *Nantucket* et le *Nahant*. Ces navires étaient armés de pièces du plus fort calibre, lançant des boulets de 150 et même de 200 kilogrammes; mais à eux tous ils ne comptaient que 32 canons, et leur équipage s'élevait au plus à 1,100 hommes. Avec ces moyens relativement faibles et sans le secours de troupes de débarquement, l'amiral Dupont ne pouvait songer à réduire une cité que défendaient 30,000 soldats, et dont les abords sont gardés par une série de fortifications ayant un développement de plus de 20 kilomètres et pourvues d'une formidable artillerie. Une telle entreprise eût été insensée. L'escadre fédérale devait évidemment se borner à une reconnaissance vigoureuse, mesurer sa puissance offensive sur un ou plusieurs des forts en terre et en brique qui gardent l'entrée de la baie, et se retirer après avoir fait tout le mal possible aux remparts ennemis.

Le but de l'amiral Dupont était de concentrer toute la puissance de ses navires sur le célèbre fort Sumter, et notamment sur la partie la plus faible de cet ouvrage, tournée vers le nord-ouest; mais, pour arriver en face des murailles qu'il voulait bombarder, il lui fallait d'abord traverser une avant-baie semi-circulaire bordée pour ainsi dire par une ceinture de forts, au sud ceux de l'île Morris, au nord ceux de l'île Sullivan, à l'ouest le redoutable Sumter avec ses trois étages de batteries. Vers midi, l'escadre se met en marche, précédée par le *Weehawken*, qui pousse devant lui une espèce de radeau ou *diable* destiné à pêcher les machines infernales qui parsèment la baie et la rade extérieure de Charleston. Les navires passent lentement devant les forts de l'île Morris, mais sans pouvoir attirer leur feu; un silence de mort règne derrière les remparts. L'escadre avance sans être inquiétée; elle entre dans le cercle fatal qu'entourent 300 canons au feu convergent. L'artillerie des confédérés est toujours muette. Tout à coup la flotte est arrêtée. Le *Weehawken* et les navires qui le suivent viennent se heurter contre une chaîne tendue du fort Sumter à l'île Sullivan et garnie dans toute sa longueur de machines infernales. De son côté, le vaisseau-amiral le *New-Ironsides* est pris en travers par le courant et n'obéit plus à son gouvernail. C'est alors que toutes les batteries confédérées tonnent à la fois; pendant trente minutes, elles lancent près de 3,500 projectiles de divers calibres sur les neuf bateaux cuirassés, qui ont à peine le temps de répondre par une centaine de coups. Le *Nahant* est frappé de 30 boulets qui brisent en divers endroits son armure de fer; le *Passaic* et le *Nantucket*, également criblés de blessures, ont leur coupole endommagée et ne peuvent plus se servir de leurs canons; le *Catskill* et le *New-Ironsides* sont aussi grièvement atteints. Le *Keokuk*, qui s'est embossé à 500 mètres du fort Sumter, est le plus maltraité de tous les navires; il ne reçoit pas moins de 90 boulets qui percent sa coque en dix-neuf endroits au-dessus et au-dessous de la ligne de flottaison. Enfin l'amiral Dupont donne le signal de la retraite, et la flotte, dont cinq bateaux sont déjà réduits à une impuissance complète, sort lentement du cercle de feu et jette l'ancre en dehors de la barre. Il était désormais démontré que les monitors et les autres vaisseaux de forme analogue ne sont pas capables de soutenir le feu croisé de solides fortifications lançant de lourds projectiles à de courtes distances. Dès le lendemain du combat, le *Keokuk* sombra non loin du rivage de l'île Morris. C'était le second navire cuirassé que perdait la marine américaine. Trois mois auparavant, pendant la nuit du 30 au 31 décembre 1862, le célèbre *Monitor* lui-même, l'adversaire du *Merrimac*, avait été englouti en pleine mer, au large du cap Hatteras.

Quelques semaines après les funestes événemens de Charleston, la guerre, que les froids de l'hiver et les longues pluies du printemps avaient interrompue, recommençait en Virginie sur les bords du Rappahannock. Depuis la sanglante bataille de Fredericksburg, c'est-à-dire depuis plus de quatre mois et demi, les deux armées, bloquées l'une et l'autre par la crue des rivières et par la boue des chemins, n'avaient pu que s'observer mutuellement, et de rares escarmouches avaient seules troublé la trève que la saison imposait aux belligérans. Les fédéraux reprirent l'offensive vers la fin du mois d'avril. Trompant la vigilance du général Lee par d'insignifiantes démonstrations faites en face de Fredericksburg, à l'endroit où Burnside avait traversé la rivière, Hooker réussit à transférer une grande partie de son armée en amont du confluent du Rapidan et du Rappahannock. Le 29 avril, il franchit ces deux rivières, établit son quartier-général à la maison de Chancellorsville, à 16 kilomètres à l'ouest de Fredericksburg, et ses troupes, évaluées à 80,000 hommes, occupèrent tout l'espace montueux et boisé que limitent au nord le Rappahannock, au sud la petite vallée du Massaponax. Par cette manœuvre, les fédéraux menaçaient à la fois les flancs de l'ennemi et ses communications avec Richmond. La division du général Segdwick, restée en face de Fredericksburg, était chargée d'attaquer directement les positions des confédérés, tandis que le général de cavalerie Stoneman, expédié dans la direction de Richmond, avait pour mission de couper les ponts des chemins de fer, d'arracher les rails et de brûler les magasins d'approvisionnemens. Le général Lee ne s'attendait pas au changement de position opéré soudain par l'armée fédérale; mais, ne se laissant pas effrayer, il résolut immédiatement de prendre l'offensive et d'employer à l'improviste contre les fédéraux le moyen qui lui avait déjà si bien réussi lors de la seconde bataille de Bull-Run. Le 2 mai 1863, quelques instans avant le coucher du soleil, « Stonewall » Jackson, à la tête de 50,000 hommes, tombe comme un ouragan sur les derrières de l'armée fédérale. À la vue de ces hommes qui s'avancent au pas de course par colonnes solides, à l'ouïe de leurs affreux hurlemens, semblables aux cris de guerre des peaux-rouges, les troupes de la division Howard, composées pour la plupart d'Allemands nouvellement enrôlés qui n'avaient jamais vu le feu, sont saisies d'une indicible frayeur; à l'exception de quelques régimens qui reculent en combattant, la division tout entière s'enfuit dans le plus grand désordre en abandonnant huit pièces d'artillerie, et va semer la confusion dans le reste de l'armée. Il fallait à tout prix arrêter la panique, fermer la brèche que l'attaque du général Jackson venait d'ouvrir dans les positions fédérales. Le général Sickles réunit à la hâte un certain nombre d'hommes dévoués; il accourt, le pistolet en main, et, s'appuyant contre une muraille de pierre, parvient à mettre une digue au torrent des fuyards; le général Pleasanton démonte sa cavalerie pour défendre quelques pièces de canon pointées contre les assaillans; enfin la plus solide division de l'armée, celle qui, sous les ordres du général Berry, s'était le plus distinguée dans les sanglantes batailles du Chickahominy, arrive au pas de course à la défense de la position menacée, et contre elle vient se briser l'attaque impétueuse des confédérés. Pendant la nuit, les unionistes regagnèrent même une partie du terrain que leur avait fait perdre la panique de la division Howard. À minuit, l'artillerie tonnait encore.

Le lendemain, 3 mai, la bataille recommença dès l'aube du jour. Le corps du général Jackson, renforcé par deux divisions du corps de Longstreet, revint à la charge avec une énergie désespérée. Les troupes d'élite de l'armée fédérale, massées sur les points menacés et protégées en tête par quarante pièces d'artillerie, repoussèrent énergiquement l'attaque. Décimées par les boulets, les colonnes confédérées se reformèrent sous le feu et tentèrent un nouvel assaut avec tant de fureur que les unionistes reculèrent, mais sans se laisser entamer. Les soldats de Jackson arrivèrent au pas de charge jusqu'à la gueule des canons, ils essayèrent de les escalader : ce fut en vain, les boulets et la mitraille les emportaient par files entières. Dans ces terribles assauts, l'armée séparatiste perdit près de 10,000 hommes tués ou blessés ; elle dut renoncer à son entreprise, et longtemps avant la nuit elle se retira dans la forêt voisine, laissant les fédéraux maîtres d'une grande partie du champ de bataille. A Fredericksburg, la journée fut encore plus funeste à l'armée du sud. Le général Sedgwick, à la tête de 20,000 hommes, força le passage du Rappahannock, et ses colonnes d'assaut emportèrent ces formidables hauteurs dont l'armée de Burnside avait naguère vainement tenté l'escalade. Il est vrai que les pertes des assaillans furent très considérables. Près de 5,000 soldats tués ou blessés jonchèrent les pentes de la colline : c'était le quart de l'effectif total.

Le lendemain, Hooker, ayant à sa disposition un grand nombre de troupes fraîches, aurait dû profiter de la lassitude des forces de Jackson et de Longstreet pour renouveler le combat; mais, inquiet de ne pas avoir reçu de nouvelles de l'expédition de Stoneman, et craignant peut-être d'autant plus de commettre une imprudence que plusieurs voyaient en lui un général téméraire (d'où le sobriquet de *Fighting Joe*), il resta dans ses cantonnemens sans essayer de frapper le grand coup. Le général Lee, plus habile, ne perdit point la précieuse journée du 4. Portant toutes ses forces disponibles contre le corps d'armée du général Sedgwick, qui n'avait pas encore eu le temps de s'établir solidement dans sa nouvelle conquête, il le rejeta au-delà du Rappahannock : c'est à peine si le vainqueur de la veille eut le temps d'emmener ses prisonniers et son artillerie. Débarrassé d'un adversaire, Lee put alors changer de front et se diriger vers Chancellorsville pour coopérer directement avec Jackson et prendre l'armée de Hooker entre deux feux. Il pleuvait à torrens. Le Rappahannock, grossissant à vue d'œil, menaçait d'emporter les ponts et de priver ainsi les troupes fédérales de leurs moyens d'approvisionnemens. Il est vrai que l'armée du général Lee se trouvait aussi momentanément séparée de sa ligne de base, car le général Stoneman avait parfaitement réussi dans sa mission : il avait brûlé les ponts du Mattapony, du Pamunkey, du Chickahominy, détruit les vastes magasins d'une station et trois convois chargés d'approvisionnemens, fait un grand nombre de prisonniers, repoussé divers détachemens isolés jusqu'à Richmond et pénétré lui-même dans les fortifications extérieures de la ville; puis, après avoir commis toute sorte de dégâts et fourni en cinq jours une course de 350 kilomètres, il avait heureusement gagné les retranchemens fédéraux de Gloucester-Point, situés au bord de la mer, vis-à-vis de Yorktown. Malheureusement le général Hooker ignorait les résultats de cette expédition. Réunissant les chefs de corps en conseil de guerre, il décida, d'après leur avis unanime, qu'il fallait évacuer la position. Pendant la nuit du 5 au 6 mai, l'armée fédérale repassa le fleuve sans être inquiétée par l'ennemi; elle avait fait plusieurs milliers de prisonniers et ramenait du champ de bataille une pièce d'artillerie de plus qu'elle n'y avait traînée; mais par sa retraite elle laissait au général Lee et à son armée l'immense prestige que donne toujours la victoire.

Le triomphe des confédérés était bien chèrement acheté. Quinze ou dix-huit mille des leurs étaient tombés pendant les deux journées de la bataille, et parmi ces victimes de la guerre se trouvait le héros du sud, Jackson, le *mur de pierre*. Le soir du 3 mai, lorsqu'il revenait du combat, il fut mortellement blessé par un de ses propres soldats qui le prenait pour un *Yankee*. Un jour, lorsque les haines et les rancunes amères soulevées par la rébellion auront fait place à des sentimens plus généreux, nul doute que tous les Anglo-Américains, ceux du nord aussi bien que leurs frères du sud, ne se rappellent avec le même orgueil patriotique le nom de ce grand homme de guerre. Il ressemblait aux illustres chefs puritains de la révolution anglaise. Simple, résolu, fanatique comme eux, il apportait au prêche et à la bataille le même calme de visage et la même passion contenue. Ayant été avant la guerre civile un modeste professeur de tactique militaire, il n'en avait pas moins gardé la flamme intérieure, et dès que la lutte eut éclaté, il se chargea de démontrer héroïquement sur le terrain les manœuvres qu'il avait enseignées à ses élèves. Comme les puritains d'Angleterre, il avait l'esprit étroit, car dans la redoutable crise américaine il ne voyait guère que sa patrie locale, « la vieille souveraineté » virginienne, (*old dominion*); mais il était certainement très grand par le cœur. Ses paroles étaient brusques, son geste rapide, sa pensée originale, peut-être même était-il parfois le jouet d'hallucinations, s'il croyait, comme on le prétend, que toute sa nourriture descendait dans sa jambe gauche. Ses bizarreries le rendaient d'autant plus cher à ses soldats; ils obéissaient aveuglément à ses ordres, et, guidés par lui, ils allaient à la mort avec joie. La rapidité de leur marche leur avait fait donner le nom de «cavalerie pédestre» de Jackson. Aucun autre général du sud, pas même Lee et Longstreet, n'a pu se faire aimer de ses troupes comme « Stonewall » Jackson. Personne ne l'a remplacé.

Le résultat malheureux des deux journées de Chancellorsville produisit dans le nord une explosion de douleur d'autant plus grande, qu'on avait plus avidement compté sur le succès. Le général Hooker, porté aux nues la veille de la bataille, le général Halleck, qui pourtant n'avait pris aucune part à la direction stratégique de l'armée du Potomac, le secrétaire de la guerre, le président Lincoln, eurent à porter chacun son poids de l'indignation publique, et les injures de toute espèce leur furent librement prodiguées. Néanmoins aucun symptôme de découragement ne se manifesta, et la nation se prépara résolûment à faire de nouveaux sacrifices pour rétablir l'Union dans son intégrité : les seules propositions de paix partirent des conciliabules où se réunissaient ces esclavagistes du nord qui ont eux-mêmes pris le nom de *copper-heads* ou de « serpens cuivrés, » comme pour afficher leur trahison. Armé de la loi qui lui permettait de suspendre en certains cas les priviléges de l'*habeas corpus*, le gouvernement fit incarcérer quelques-uns de ces alliés des rebelles, notamment le plus actif et le plus éloquent d'entre eux, M. Clement Vallandigham, ex-représentant de l'Ohio au congrès de Washington. En outre le président prit ses mesures pour assurer le recrutement de l'armée fédérale. Par sa proclamation du 8 mai, lancée trois jours après la retraite de Hooker, M. Lincoln annonçait au peuple des États-Unis qu'il mettrait prochainement à exécution la loi de conscription votée par le congrès.

III. — SECONDE INVASION DU MARYLAND. — BATAILLE DE GETTYSBURG.
— CONQUÊTE DU MISSISSIPI.

L'incertitude la plus complète régnait à Washington sur les intentions des vainqueurs, et ce doute même augmentait notablement le danger. Le pressentiment général était que l'armée séparatiste profiterait de son triomphe pour envahir une seconde fois le Maryland et la Pensylvanie, déplacer le théâtre de la lutte, et faire connaître enfin aux populations du nord tous les fléaux que la guerre apporte avec elle; mais le général Halleck n'avait aucun renseignement certain. L'ennemi essaierait-il de forcer le passage du Potomac en amont de Washington, en se glissant par l'un des passages que masquent les collines de Bull-Run et de Leesburg? Descendrait-il par le chemin couvert de la vallée de la Shenandoah, si bien fait pour cacher la marche des forces d'invasion? Adopterait-il quelque autre plan de campagne? Dans l'ignorance absolue où il se trouvait à l'égard des mouvemens opérés par le gros de l'armée confédérée, le général Halleck devait se borner d'abord à recommander la plus extrême vigilance à tous les chefs de corps qui étaient exposés à subir le premier choc de l'ennemi. Il espérait qu'au moyen de nombreuses reconnaissances opérées sur les divers points menacés, le danger pourrait être signalé à temps.

Le général Lee réussit d'une manière étonnante à garder le secret de ses opérations militaires. Tout à coup, dans la journée du 13 juin, le général Milroy, qui occupait avec 7,000 fédéraux la petite ville de Winchester, dans la vallée de la Shenandoah, apprit avec stupeur qu'il était complétement entouré par les 50,000 hommes d'Ewell et de Longstreet, et que bientôt il allait avoir à lutter contre l'armée tout entière du général Lee. La position était critique, mais elle n'était pas désespérée. Les unionistes se défendirent avec succès pendant deux jours, dans la ferme croyance que l'armée du général Hooker n'était point très éloignée et viendrait bientôt les délivrer; mais, voyant grossir incessamment le nombre de leurs ennemis, ils évacuèrent leurs retranchemens pendant la nuit en faisant le sacrifice de leurs pièces et de leurs munitions, et, marchant presque au hasard dans l'obscurité, vinrent se heurter contre la division confédérée du général Johnson, forte de 10,000 hommes. Le désordre fut grand, et les fédéraux dispersés s'enfuirent dans toutes les directions. Les uns, traversant une chaîne de collines à l'est du champ de bataille, atteignirent Charleston et Harper's-Ferry; d'autres, prenant la direction du nord, se rendirent à Martinsburg, d'autres encore se jetèrent dans les montagnes pour gagner Hancock sur les frontières de la Pensylvanie. La débandade fut complète, puisque de Hancock à Harper's-Ferry la distance n'est pas moindre de 70 kilomètres; mais les pertes furent légères. Quelques centaines d'hommes seulement furent faits prisonniers, et tous les soldats épars rejoignirent le drapeau.

En dépit de ce dénoûment presque ridicule, le siége et les divers combats de Winchester eurent néanmoins un heureux résultat pour la cause fédérale, car, tout en retardant de deux ou trois jours la marche du général Lee, ils donnèrent en partie le secret de ses opérations, et montrèrent à l'armée du Potomac la route qu'elle avait à suivre. Il devenait évident que le but des confédérés était de renouveler l'invasion du Maryland avec toutes les forces dont ils pourraient disposer, afin de frapper un grand coup sur Washington ou Baltimore et de relever leur cause par une victoire signalée. Pour masquer sa prochaine impuissance, le gouvernement des rebelles tâchait de combiner dans un suprême effort tout ce qu'il avait de ruse, d'audace et de ressources militaires; il prenait énergiquement l'offensive pour infliger à l'ennemi un terrible désastre qui lui permît à lui-même de réparer ses pertes matérielles, de déplacer le théâtre de la guerre, de jeter le désarroi dans les états du nord, et de forcer, pour ainsi dire, les puissances de l'Europe occidentale à recevoir la confédération esclavagiste au nombre des nations souveraines. La campagne d'invasion que commençait le général Lee n'était donc point une simple répétition de la campagne militaire de 1862; elle semble avoir eu surtout un but politique.

Retardé par le siége de Winchester, le général en chef des confédérés fut en outre obligé de changer de route à cause des mésaventures arrivées à la division de cavalerie commandée par son lieutenant le général Stuart. Celui-ci, qui avait été chargé d'occuper les cols de la chaîne des Montagnes-Bleues et de masquer ainsi la marche du gros de l'armée séparatiste dans la vallée de la Shenandoah, s'était laissé entraîner par la supériorité de ses forces à livrer bataille à la cavalerie fédérale du général Pleasanton; mais, au lieu de remporter la victoire à laquelle il s'attendait, il avait au contraire subi une série de défaites, et pour éviter un désastre complet il avait dû chercher presque au hasard un refuge dans le Maryland. Par une manœuvre habile, les fédéraux avaient complétement séparé la cavalerie du général Stuart de sa ligne de communication avec l'armée envahissante, et l'avaient obligé à se diriger rapidement vers la frontière de Pensylvanie pour aller rejoindre son commandement par un immense détour : pendant quinze jours entiers, il dut fournir une marche précipitée dépourvue de tout caractère stratégique, et ses exploits se bornèrent à la capture de quelques trains de munitions. De son côté, le général Lee, privé de sa cavalerie et menacé en flanc par les fédéraux, ne pouvait plus, ainsi qu'il en avait eu l'intention, s'emparer de Harper's-Ferry et franchir le Potomac en aval de cette ville, de manière à menacer directement Washington; il était forcé d'obliquer vers le nord et de pénétrer dans le Maryland par Williamsport et Hagerstown. Un temps précieux fut ainsi perdu pour la cause des confédérés, si bien que le 24 juin, lorsque le gros de leur armée traversa le Potomac, la plus grande partie des forces fédérales passait aussi le même fleuve à Poolesville pour se porter à la rencontre de l'ennemi.

Depuis le 15 juin déjà, la Pensylvanie était envahie par l'avant-garde des confédérés, que commandait le général Ewell. La ville importante de Chambersburg était occupée par eux; ils poussaient jusqu'à York et à Carlisle en imposant à toutes ces localités des contributions de guerre, et parcouraient à la recherche du butin les riches campagnes qui s'étendent à l'ouest de la Susquehannah. Pour empêcher l'ennemi d'occuper Harrisburg, la capitale de l'état, où il se serait emparé de richesses considérables et des archives de la Pensylvanie, les citoyens eux-mêmes furent obligés de livrer aux flammes le beau pont de Columbia, remarquable monument dont la construction avait coûté plus de 5 millions de francs. La terreur était grande dans les villes directement menacées. Le gouverneur Curtin s'empressa de convoquer les milices de l'état et les

dirigea rapidement vers les bords de la Susquehannah. Près de
15,000 hommes des gardes urbaines de New-York accoururent aussi,
et bientôt plus de 100,000 soldats improvisés se préparèrent à re-
pousser le torrent de l'invasion. Les corps détachés qui parcouraient
les campagnes durent se replier sur le gros de l'armée de Lee, qui
se concentra graduellement près de la frontière du Maryland et de
la Pensylvanie, entre les villes de Chambersburg et de Gettysburg.
Cependant les troupes fédérales s'avançaient à marches forcées vers
la même région de la Pensylvanie. Le 28, leur quartier-général
était à Frederick, non loin de la base orientale de South-Mountain,
et la cavalerie d'avant-garde, remontant au nord de la vallée du
Monocacy, se heurtait près de Gettysburg contre quelques détachemens de l'ennemi. Les deux armées hostiles, séparées au sud
par les chaînons parallèles de South-Mountain et de Catoctin, étaient
déjà en vue l'une de l'autre sur les plateaux accidentés qui séparent
le bassin du Potomac de celui de la Susquehannah. Il était évident
qu'une grande bataille allait être livrée. C'est alors que le général
Hooker, se rappelant sa défaite de Chancellorsville et craignant de
ne pas inspirer à ses soldats la confiance nécessaire, donna sa démission de commandant en chef de l'armée. Il fut remplacé par l'un
de ses lieutenans, le général Meade, qui, tout à coup arraché à son
rôle obscur et secondaire, se trouva chargé d'une immense responsabilité. Encore inconnu la veille, il recevait pour mission de battre
une armée enorgueillie par de précédens succès et commandée par
le plus grand capitaine du sud. Les destinées de la nation étaient
remises entre ses mains : vainqueur, il pouvait sauver la république; vaincu, il donnait peut-être le signal d'une debâcle générale, et Lee entrait en triomphateur au Capitole.

La brusque nomination du général Meade et le travail de réorganisation qui en fut la suite n'arrêtèrent point les mouvemens de
l'armée fédérale. Dès le lendemain, le quartier-général était transféré à Tarrytown, sur la frontière de la Pensylvanie, et la cavalerie
de Buford entrait dans la ville de Gettysburg. De son côté, l'ennemi
franchissait à l'ouest les collines de Cashtown et se dirigeait aussi
vers Gettysburg par la grande route et les bords du *Marsh's-Creek*.
Des deux côtés commençaient les préparatifs de la lutte. Le général Lee n'avait pas moins de 105,000 hommes, dont 90,000 soldats
d'infanterie, à mettre en ligne de bataille. Le nouveau général en
chef des fédéraux n'avait guère plus de 80,000 hommes; mais ces
hommes étaient remplis d'enthousiasme, car pour la première fois
depuis le commencement de la guerre ils avaient à chasser les rebelles hors d'un état libre : ils ne devaient pas combattre seulement
pour le principe abstrait de l'Union, mais bien pour le sol même de
la patrie.

La bataille commença, dans la matinée du 1er juillet, à une faible distance au sud de Gettysburg. Le général Reynolds attaqua vigoureusement les confédérés; mais ceux-ci, recevant de nombreux renforts, reprirent bientôt l'offensive. Reynolds tomba mort, percé d'une balle; les unionistes reculèrent lentement, puis, renforcés à leur tour, ils revinrent à la charge et capturèrent toute la brigade du général Archer. Cependant des masses considérables de troupes étaient envoyées sur le champ de bataille par le général Lee et menaçaient de prendre en flanc les forces fédérales. Après avoir combattu cinq heures, celles-ci durent se retirer vers les hauteurs situées au sud de Gettysburg. Un corps de confédérés, qui s'était emparé d'une partie de la ville à l'insu de leurs adversaires, essaya vainement de couper la retraite aux fédéraux; toutefois il fit beaucoup de prisonniers dans les rues. Les résultats du premier jour de la bataille ne furent donc pas heureux pour la cause du nord.

La position sur laquelle les forces unionistes avaient été rejetées offre les plus grands avantages pour une bataille défensive. Elle forme un triangle de collines dont la pointe extrême, tournée vers le nord, domine Gettysburg; un cimetière entouré de murailles couronne la hauteur la plus rapprochée de la ville; en arrière se redressent deux cimes aux pentes rapides, complétant l'ensemble du massif. Le général Howard, commandant les corps d'avant-garde, puis le général Meade, qui accourut en toute hâte, ne perdirent pas un instant pour établir solidement sur ce promontoire toutes les troupes qui se trouvaient dans le voisinage de Gettysburg. Le 2 juillet, lorsque le soleil éclaira la scène, la colline du cimetière, occupée par la tête de l'armée fédérale, était déjà couverte de retranchemens; des batteries de canons étaient disposées de manière à commander les routes convergentes de Baltimore, de Harrisburg, de Chambersburg, d'Emmetsburg; enfin les divers corps d'armée arrivaient au pas de course et prenaient position sur les crêtes et sur les pentes des hauteurs. Les troupes fédérales continuèrent de se masser pendant toute la matinée, et c'est à deux heures seulement que, grâce à l'arrivée de la division Sedgwick, qui venait de fournir une étape de 50 kilomètres, l'armée tout entière se trouva réunie. Tandis que le général Meade plantait ses batteries et distribuait ses forces, à mesure qu'elles arrivaient, sur les trois faces du triangle de collines, les régimens confédérés ne restaient pas inactifs : déployant leurs lignes en un vaste demi-cercle sur les hauteurs qui entourent le massif de Gettysburg, ils groupaient leurs plus formidables pièces d'artillerie autour de la colline du cimetière en faisant converger leurs feux sur la position la plus solide des fédéraux, et, précédés d'une nuée de tirailleurs, ils se préparaient à donner l'assaut. La ville de Gettysburg qu'ils occupaient masquait en partie leurs mouvemens.

La vraie bataille commença entre trois et quatre heures du soir par une furieuse attaque des confédérés sur le flanc gauche des unionistes. Par un fâcheux malentendu, un corps d'armée fédéral se trouvait en cet endroit à plus d'un kilomètre en avant de la ligne de bataille. Profitant de la faute de leurs adversaires, les généraux du sud Hill et Longstreet lancent leurs divisions contre ces régimens isolés, les accablent sous le nombre et les forcent à reculer en désordre après une lutte acharnée. Si la brèche faite dans les rangs des fédéraux n'avait été immédiatement comblée, c'en était peut-être fait de l'armée tout entière; heureusement la disposition des troupes en forme de triangle allongé permit au général Meade de fortifier aussitôt l'aile gauche au moyen de corps d'infanterie empruntés à la réserve et à l'aile droite. Les épaisses colonnes des confédérés furent rejetées dans la plaine avec un carnage horrible, et vers six heures de l'après-midi la ligne des unionistes s'était reformée dans le plus grand ordre sur les pentes occidentales du massif. Après cette malheureuse tentative faite contre l'aile gauche de l'armée fédérale, le général Lee ordonna l'assaut du centre. Débouchant tout à coup des rues de Gettysburg, les soldats confédérés gagnèrent au pas de charge le sommet de la colline; mais, foudroyés par la formidable artillerie du cimetière, ils durent bientôt redescendre en toute hâte et se réfugier dans la ville, en laissant le sol couvert de morts et de blessés. Il est vrai qu'à l'extrême droite, affaiblie dès le commencement de la lutte par les emprunts que lui avait faits l'aile gauche, le général séparatiste Ewell réussit à entamer les lignes fédérales : c'était là un bien faible avantage, comparé aux désastres subis par les rebelles à l'attaque du centre et de la gauche; pendant ce deuxième jour de bataille, la fortune leur avait été contraire.

La lutte, à peine interrompue par quelques heures de nuit, recommença dès l'aube du 3 juillet à l'extrême droite des fédéraux. Des masses considérables de troupes, empruntées à l'autre flanc de l'armée, s'élancèrent sur la division confédérée du général Ewell, la délogèrent du terrain qu'elle avait conquis la veille et la rejetèrent dans la vallée. Renforcés à leur tour, les séparatistes revinrent plusieurs fois à la charge et ne cessèrent pendant toute la matinée d'assaillir cette partie des positions fédérales, tantôt sur un point, tantôt sur un autre; mais ces attaques, faites avec une certaine mollesse, n'étaient probablement que des feintes destinées à cacher les véritables intentions du général Lee. En effet, vers onze heures, un terrible silence succéda tout à coup au tumulte de la bataille; le corps de Longstreet, la division Pickett, se dirigèrent rapidement à l'est de Gettysburg, tandis que toute l'artillerie des confédérés était mise en position sur les hauteurs qui contre-battent la colline du cimetière. Après deux heures d'une attente solennelle, employées de la part des fédéraux à semer d'obstacles les pentes du promontoire sur lequel allait fondre l'orage, cent-vingt-cinq pièces de canon ouvrirent en même temps leurs feux contre les retranchemens du centre et de la gauche des unionistes. Soutenues par cette canonnade furieuse, les troupes de Longstreet sortent des bois épais qui masquaient leurs mouvemens et gravissent avec un admirable élan le penchant oriental de la colline sans se laisser arrêter ni par les boulets ni par la mitraille. Elles atteignent, elles dépassent les premières lignes de défense : d'en bas, on les voit escalader les épaulemens et les batteries, renverser et fouler aux pieds les artilleurs. Elles montent déjà vers la crête en repoussant peu à peu les fédéraux; mais, avant que les assaillans aient pu démonter un seul canon et s'établir solidement sur ce terrain qu'ils jonchent de leurs morts, les corps de réserve arrivent au pas de course, culbutent les confédérés par-dessus la ligne des batteries et les forcent, après un affreux carnage, à redescendre dans la plaine. Trois fois les colonnes d'assaut revinrent à la charge sur divers points du centre et de la gauche, trois fois elles furent repoussées. Enfin la division Pickett, l'élite de l'armée du sud, tenta un suprême effort. Ce fut en vain, elle ne put entamer le formidable triangle de fer et de feu qui défendait les hauteurs. Ce dernier échec des confédérés décida de l'issue de la bataille. Pendant la nuit, le général Lee évacua Gettysburg et commença son mouvement de retraite vers le Potomac en laissant plus de 10,000 prisonniers entre les mains des fédéraux et 7,450 de ses blessés sur le champ de bataille.

N'ayant à sa disposition que de faibles détachemens de cavalerie, le général Meade se contenta de harceler l'arrière-garde et de ramasser les traînards de l'armée fugitive. Pendant les trois jours qui suivirent la lutte, il employa la plus grande partie de ses forces à recueillir les 8,000 cadavres et à transporter dans les hôpitaux les 20,000 blessés qui jonchaient le penchant des collines et les rues de la ville de Gettysburg. Les réserves fraîches de la Pensylvanie et les milices de Harrisburg que le général Couch avait sous ses ordres restèrent dans leurs cantonnemens et ne firent rien pour compléter la victoire de Meade. La poursuite de l'ennemi commença seulement dans la journée du 7. Le général Meade dirigea son armée vers Frederick, traversa le chaînon de South-Mountain par les cols dont Mac-Clellan avait victorieusement forcé le passage l'année précédente; puis, laissant à gauche le champ de bataille d'Antietam, il arriva le 12 juillet en vue de l'armée de Lee, qui campait sur la rive gauche du fleuve, non loin de la petite ville de Williamsport. L'occasion était favorable, car le Potomac, grossi par les pluies, rendait la retraite difficile aux confédérés : si Meade les avait attaqués sans tarder, peut-être eût-il capturé une grande partie de l'armée du sud; mais il se borna, pendant la journée du 13, à opérer de fortes reconnaissances, et dans la matinée du 14, lorsqu'il se préparait à livrer bataille, il s'aperçut que le général Lee avait profité de la nuit pour franchir le fleuve sur un pont construit avec de vieux bateaux et les charpentes de maisons ruinées. Les détachemens de cavalerie fédérale réussirent seulement à faire quelques milliers de prisonniers, tandis que le gros de l'armée du sud, protégé par le cours du Potomac et par la chaîne des Montagnes-Bleues, remontait la vallée de la Shenandoah et se dirigeait vers ses anciens cantonnemens des bords du Rappahannock. Ainsi se termina cette campagne d'invasion qui devait avoir pour résultat la chute de Washington et la ruine de la république américaine. En moins de deux mois, le général Lee avait perdu 37,000 hommes tués, blessés ou prisonniers, plus du tiers de son armée. L'Union se relevait plus forte après cette invasion qui devait lui porter le coup de grâce.

A la nouvelle des événemens de Gettysburg, la joie fut d'autant plus grande dans le nord qu'elle succédait à une profonde anxiété. Partout le peuple comprit que ces trois terribles journées, les plus sanglantes de la guerre, avaient été vraiment le paroxysme de la crise qui depuis plus de deux années déjà mettait en péril le salut de la république. Désormais on considéra le cap des Tempêtes comme définitivement doublé, on sentit qu'en dépit de toutes les vicissitudes et de tous les malheurs tenus en réserve par l'avenir le sort même de la nation ne serait plus exposé aux hasards des combats comme il l'avait été sur les collines de Gettysburg. Le jour qui suivit la bataille, et pendant lequel la nouvelle de la victoire se répandit dans tous les états du nord, était précisément le 4 juillet, jour anniversaire de la déclaration d'indépendance des États-Unis. Par une singulière coïncidence, bien faite pour frapper les populations superstitieuses des états à esclaves, c'est également le 4 juillet, alors que toutes les villes de l'Union célébraient avec enthousiasme la grande fête nationale et le triomphe du général Meade, que Vicksburg, le boulevard de la confédération rebelle sur le Mississipi, ouvrit ses portes au général Grant. Ainsi la cause de l'Union remportait en même temps une grande victoire sur chacun des deux points les plus importans de l'immense territoire disputé. A l'est des Alleghanys, l'armée du Potomac dégageait Washington et reprenait l'offensive; à l'ouest, dans la vallée du Mississipi, les soldats de Grant rouvraient aux vaisseaux du nord le cours du fleuve, l'artère centrale du continent.

On sait qu'après l'assaut infructueux du 22 mai le général Grant avait investi les fortifications de Vicksburg, et commencé les opérations lentes, mais certaines, d'un siége régulier. Le général Johnston, commandant les forces confédérées des états du sud-ouest, ne disposait pas d'une armée suffisante pour livrer bataille aux troupes fédérales et secourir la garnison de la place. Les diverses tentatives qu'il fit pour tromper la surveillance des assiégeans furent complétement inutiles; privé d'approvisionnemens et de moyens de transport, il dut renoncer à tout espoir de ravitailler Vicksburg. Dès lors la forteresse qui avait si longtemps barré le cours du Mississipi pouvait être considérée comme perdue pour la confédération. Ainsi que le prouvent les rapports officiels soumis le 4 décembre suivant au congrès de Richmond, le général Johnston ordonna péremptoirement à son subordonné le général Pemberton d'évacuer Vicksburg avec toute sa garnison et de se frayer un chemin à travers les lignes fédérales; mais Pemberton refusa d'obéir aux ordres reçus et resta dans la place pour la défendre jusqu'à la dernière extrémité, espérant que pendant l'intervalle le gouvernement confédéré pourrait lui envoyer du secours. Son espoir fut déçu; on ne put même le secourir indirectement en coupant les communications de l'armée de Grant avec le nord. Le 6 juin, Mac-Culloch, célèbre chef de partisans du Texas, surprit le camp de Milliken's-Bend, situé au nord de Vicksburg sur le Mississipi; mais, après un combat sanglant, il fut repoussé par les régimens de nègres qui gardaient la position. La plus grande partie de l'armée séparatiste des états transmississipiens se réunit alors sous les ordres des généraux Price, Holmes et Marmaduke, pour faire une tentative contre la ville d'Helena, située également sur la rive droite du fleuve, au nord de Vicksburg; mais cet assaut, qui d'ailleurs fut repoussé comme celui de Milliken's-Bend, ne put avoir lieu que le 4 juillet, le jour même de la chute de Vicksburg. Depuis plusieurs jours déjà, les travaux de sape avaient fait de tels progrès que la prise de la ville était devenue certaine : une résistance plus longue de la part de la garnison n'aurait eu d'autre résultat que d'amener une grande effusion de sang. Le 3 juillet, le général Pemberton demanda une entrevue au général Grant, son ancien compagnon d'armes dans la guerre du Mexique, et débattit avec lui les termes de la capitulation. Le 4, à dix heures du matin, les troupes fédérales entraient à Vicksburg en jouant *Dixie*, l'air national des états du sud, comme pour rendre hommage à la garnison qui s'était si vaillamment défendue. Lorsque le drapeau étoilé fut arboré sur les remparts de la ville, un religieux silence plana, dit-on, sur toutes les troupes; plus tard seulement vinrent les acclamations.

Les résultats matériels de la prise de Vicksburg étaient considérables. Près de 30,000 prisonniers, 200 canons, 100,000 fusils et autres armes, des munitions de toute espèce tombaient entre les mains du vainqueur. En outre la chute de cette forteresse des confédérés rendait tout à fait intenable la place de Port-Hudson, qui d'ailleurs n'aurait guère pu résister plus longtemps. Le 8 juillet, elle se rendit aux forces du général Banks avec plus de 6,000 hommes et 50 pièces de canon. En s'emparant de ces deux villes, les fédéraux prenaient en même temps possession de tout le Mississipi, depuis sa source jusqu'à son delta. Les états de l'ouest retrouvaient leur ancien débouché vers le golfe du Mexique; la Nouvelle-Orléans et la Basse-Louisiane, qui depuis plus d'une année n'avaient été accessibles que par mer, étaient désormais rattachées au reste des États-Unis pour les opérations militaires et les transactions commerciales; enfin la confédération des états rebelles était définitivement coupée en deux moitiés par les bateaux cuirassés du Mississipi et par les garnisons de ses forteresses riveraines. Pour la première fois depuis le commencement de la guerre, les armées et les flottes fédérales formaient un cordon militaire non interrompu autour des principaux états rebelles. Cette énorme étreinte, que le gouvernement de Richmond lui-même comparait aux replis d'un gigantesque boa, se resserrait peu à peu, menaçant d'étouffer tôt ou tard la confédération esclavagiste.

Quelques jours après la victoire de Gettysburg et la chute des deux grandes forteresses méridionales du Mississipi, la ville de New-York devenait le théâtre d'événemens honteux, qui, tout en créant de sérieuses difficultés au gouvernement de Washington, devaient finir cependant par rendre de grands services à la cause de l'Union en déshonorant aux yeux de tous les citoyens patriotes les meneurs du parti soi-disant démocratique des *copper-heads*. Une horrible émeute, à laquelle les opérations du recrutement servirent de prétexte, éclata le 13 juillet dans l'un des quartiers les plus mal famés de New-York, et, profitant de la stupeur générale, se rendit bientôt maîtresse d'une grande partie de la cité. Un nommé Andrews, qui se proclamait hautement l'allié des rebelles du sud, avait pris le commandement de la bande des pillards, composée presque uniquement d'Irlandais. A la vue du drapeau fédéral, ils s'écriaient : « Déchirez ce chiffon maudit! » à la vue d'un noir : « Brûlez ce nègre damné! » Ils pourchassaient dans les rues tous les hommes de couleur qui osaient se montrer, et quand ils les avaient saisis, ils les pendaient aux réverbères, allumaient des bûchers sous les corps pantelans et dansaient autour des cadavres avec des cris de cannibales. Ils livrèrent aux flammes le bel hospice des orphelines de couleur, et l'une des pauvres filles, n'ayant pu s'enfuir à temps, fut brûlée toute vive. Plusieurs quartiers habités par des nègres furent détruits de fond en comble; les maisons des abolitionistes les plus connus eurent à subir un siége en règle; celle du maire lui-même fut menacée; l'imprimerie et les magasins du journal *la Tribune* furent mis au pillage, et les rédacteurs durent se défendre en lançant des grenades parmi les assaillans. Pendant quatre jours, les émeutiers furent maitres d'une partie de la ville. La police, composée de quelques centaines d'hommes, lutta courageusement pour maintenir l'ordre; néanmoins elle eût peut-être succombé, si les citoyens, revenant de leur stupeur du premier jour, ne s'étaient organisés en patrouilles de police volontaire pour défendre les banques, les établissemens publics et les maisons particulières. Enfin la municipalité se vit obligée de mettre en réquisition les forces militaires qui se trouvaient à New-York et dans les environs, et grâce à cet appui l'autorité de la loi fut bientôt rétablie. Quelques meneurs furent arrêtés; les dépôts d'armes cachées furent saisis, et le prévôt-maréchal put faire recommencer sans danger les opérations du tirage au sort. Les tristes événemens des quatre journées d'émeute avaient coûté la vie à plusieurs centaines de personnes.

Des tentatives d'émeute aussitôt réprimées eurent lieu à Portland, à Boston, à Buffalo, à Baltimore et dans plusieurs villes des états de l'ouest. Il est à peu près hors de doute que le mot d'ordre était donné depuis longtemps, et que d'après le plan tracé d'avance une levée générale de boucliers de la part des *copper-heads* du nord devait coïncider avec la marche triomphale de Lee sur Washington. Il est également très probable que même en Europe, aussi bien que dans les états du nord, les rôles étaient distribués à tous les hommes considérables qui s'étaient faits les défenseurs de la confédération des états à esclaves. C'est en effet à la fin du mois de juin que M. Roebuck, le plus ardent défenseur du sud dans la chambre des communes, le fougueux orateur qui se plaît à se donner lui-même le nom de « bouledogue, » développait sa motion relative à la reconnaissance des états confédérés. A la même époque, les envoyés officiels et les agens secrets que le gouvernement de Richmond entretenait dans les capitales de l'Europe occidentale redoublaient d'efforts pour agir sur l'opinion publique et décider les divers cabinets à prendre une attitude hostile à l'Union. Évidemment les chefs du mouvement séparatiste avaient résolu de combiner dans une tentative suprême toutes leurs ressources militaires et leurs influences diplomatiques; ils mettaient en jeu tout ce qui leur restait de force, d'audace et de ruse pour frapper un grand coup qui leur permît d'échapper à leurs embarras intérieurs et de masquer leur prochaine impuissance. Il faut également signaler un fait très important, mais dont la signification réelle n'est pas encore connue. Pendant que les deux armées ennemies s'entre-choquaient sur les collines de Gettysburg et que les autorités de Richmond se préparaient à proclamer une autre grande victoire de leurs troupes, le vice-président de la confédération esclavagiste, M. Alexander Stephens, débarquait à la forteresse Monroe et demandait au gouverneur l'autorisation de remonter le Potomac jusqu'à Washington, afin de porter au président Lincoln une communication de M. Jefferson Davis. Quelle était la mission dont le second personnage des états du sud, oublieux de tous les us diplomatiques, avait consenti à se charger auprès du chef du gouvernement régulier de la république américaine? Selon les vagues explications fournies plus tard par le cabinet de Richmond, M. Stephens n'aurait eu d'autre but, en demandant une entrevue au président Lincoln, que de régler avec lui de la manière la plus humaine les conditions de l'échange des prisonniers; mais il est peu probable que telle ait été la véritable cause de la démarche des chefs du gouvernement esclavagiste, car de pareilles questions peuvent être parfaitement débattues par les parlementaires de l'armée, et d'ailleurs il est évidemment impossible d'arriver à une solution satisfaisante tant que les généraux du sud se mettront au-dessus du droit des gens par la vente des soldats noirs et par la mise à prix des têtes d'officiers blancs. L'opinion la plus accréditée et la seule plausible est que le vice-président Stephens, comptant sur un magnifique triomphe des armes du sud et trompé peut-être par des bulletins de victoire trop pompeux, se mit en route afin de pouvoir dicter un traité de paix au cabinet de Washington à l'instant même où l'avant-garde de Lee se présenterait devant les murs de la capitale.

Quoi qu'il en soit, toutes les espérances que nourrissaient en leur cœur les chefs de la confédération rebelle furent successivement déçues. M. Stephens ne dépassa pas la forteresse Monroe, puis, revenu à Richmond, il y apprit dans tous leurs détails les terribles revers que sa cause venait de subir à quelques jours d'intervalle. Le plan général d'offensive si habilement conçu était entièrement ruiné. Les événemens fâcheux se succédaient coup sur coup. Gettysburg et le Maryland, Vicksburg et les bords du Mississipi étaient perdus pour les confédérés; le chef de partisans Morgan, qui venait d'envahir l'état libre de l'Ohio, était fait prisonnier avec toute sa bande; les émeutes de New-York finissaient dans le sang et la boue; les *copperheads* de l'ouest restaient silencieux; enfin la motion de Roebuck était repoussée par le parlement britannique, et les gouvernemens de l'Europe ne consentaient pas à reconnaître la nouvelle confédération. Depuis le commencement de la guerre, la ligue des planteurs rebelles avait perdu 200,000 soldats et dépensé plus de 3 milliards; le monopole du coton lui était entièrement ravi; le pays s'appauvrissait à vue d'œil, les routes s'effondraient, les moyens de transport commençaient à manquer, les usines s'arrêtaient faute de travailleurs et de matières premières, les champs restaient en friche. Déjà les populations pauvres de plusieurs états, notamment celles de la Caroline du nord, qui n'avaient jamais approuvé la sécession, demandaient hautement la paix; mais les membres de l'aristocratie féodale, qui sont les véritables maîtres des états du sud, ne songèrent point à céder : résolus à ruiner leur patrie plutôt que de se soumettre, ils continuèrent la lutte avec le même acharnement que par le passé.

IV. — SIÉGE DE CHARLESTON. — OPÉRATIONS MILITAIRES AUTOUR DE CHATTANOOGA
ET DE KNOXVILLE.

Devenus maîtres du cours du Mississipi et désormais assurés par une victoire décisive contre toute grande invasion des états libres, les fédéraux prirent l'offensive sur presque tous les points de l'immense pourtour de la confédération esclavagiste. Les généraux des troupes unionistes qui se trouvaient sur les côtes des deux Carolines et de la Georgie, en Tennessee, dans l'Arkansas, le Mississipi et la Louisiane, reçurent tous l'ordre de marcher en avant et d'attaquer l'ennemi. Seule, l'armée dite du Potomac dut se borner à faire bonne garde sur les rives septentrionales du Rappahannock et du Rapidan, afin de tenir en échec les mouvemens du général Lee.

Parmi les opérations militaires dirigées à la même époque contre diverses parties plus ou moins vulnérables des états du sud, la plus intéressante, à coup sûr, était l'entreprise tentée par le général Gillmore contre les abords de Charleston. Il est vrai qu'au point de vue purement stratégique cette entreprise ne pouvait guère se comparer à la mission de conquête dont le général Rosecrans était chargé au-delà des Alleghanys; mais elle promettait de former une époque mémorable dans l'histoire des siéges à cause de la puissance des engins destructeurs que les assaillans avaient à leur disposition et des énormes ressources que les difficultés du terrain et le grand nombre des batteries offraient à la défense. D'ailleurs personne n'avait oublié dans le nord que Charleston est la ville sainte des esclavagistes, celle où le drapeau de l'insurrection s'est levé pour la première fois. Si important qu'il soit pour la flotte fédérale de s'emparer du port de Charleston afin de fermer complétement le passage aux navires de contrebande, le principal but des autorités militaires de Washington était probablement de frapper un grand coup politique et de prendre un gage du triomphe futur en détruisant la métropole de la rébellion.

Rendus prudens par l'échec que l'amiral Dupont avait subi quelques mois auparavant à l'entrée de la rade, les fédéraux ne commirent pas une seconde fois la faute de se heurter directement contre les forts. Grâce à l'appui de la flotte, les troupes de débarquement s'étaient emparées depuis longtemps de presque toutes les îles marécageuses qui s'étendent parallèlement au rivage du continent entre l'estuaire de Charleston et celui de Port-Royal. Se glissant d'îlot en îlot à l'insu de l'ennemi, le général Gillmore transféra presque toutes ses troupes dans l'île de Folly, située à une douzaine de kilomètres au sud-est de Charleston. Du point qu'il occupait, il ne lui restait plus à franchir qu'un petit détroit pour pénétrer dans l'île Morris, étroite langue de sable se projetant à l'entrée méridionale de la rade. Le 10 juillet, il démasqua soudain les batteries qu'il avait fait élever à l'extrémité septentrionale de l'île Folly et canonna les ouvrages de la rive opposée, tandis que la flotte cuirassée de l'amiral Dahlgren balayait la plage d'obus et de mitraille, afin d'empêcher le général Beauregard d'envoyer des renforts sur les points menacés. Bientôt les retranchemens des confédérés furent détruits; les soldats de Gillmore, au nombre d'environ 8,000 hommes, traversèrent heureusement le canal, s'emparèrent successivement de toutes les batteries méridionales de l'île Morris, refoulèrent l'ennemi jusque dans le fort Wagner, situé à 5 kilomètres au nord du détroit, et dès le même jour commencèrent à fortifier un petit groupe de dunes, afin de pouvoir se maintenir au besoin contre toute une armée sur le terrain qu'ils venaient de conquérir. Le 12, au point du jour, le général Gillmore, voulant profiter de la surprise des confédérés, lança une colonne d'assaut contre le fort Wagner, qui était alors un simple ouvrage en terre armé d'une douzaine de pièces de gros calibre. L'attaque ayant été repoussée avec perte, un nouvel assaut fut tenté le 18, après que l'artillerie du fort eut été réduite au silence par les canons de l'amiral Dahlgren. Deux régimens de nègres, nouvellement recrutés dans le Massachusetts et dans l'archipel de Beaufort, marchaient en tête des assaillans. Obligés de s'avancer sur une plage étroite, servant de cible, pour ainsi dire, aux tireurs confédérés, ils étaient déjà plus que décimés lorsqu'ils atteignirent le pied des remparts. Néanmoins les soldats nègres, exaltés jusqu'à la fureur, traversèrent les fossés, escaladèrent les talus et pénétrèrent dans l'enceinte; mais ils ne purent s'y maintenir. Leur chef, le généreux Robert Shaw, du Massachusetts, périt dans l'attaque, et Gillmore dut ordonner la retraite après avoir perdu environ 1,200 hommes, tués, blessés ou prisonniers. Dans ses ambulances, il comptait le même nombre de malades. Depuis une semaine qu'il occupait l'île Morris, sa petite armée était déjà réduite d'un tiers.

L'échec subi par les fédéraux devant le fort Wagner permit au général Beauregard de faire ses préparatifs de défense sur tous les points menacés. Pendant le jour, la flotte fédérale, embossée à une distance variable de 300 à 1,200 mètres de la rive, faisait bonne garde pour empêcher tout mouvement de troupes confédérées. De temps en temps, elle démontait les canons des ouvrages ennemis: toutefois elle ne pouvait mettre obstacle au débarquement nocturne de soldats de renfort, ni aux travaux invisibles entrepris pour les batteries masquées. Le fort Wagner, considérablement agrandi, fut armé de pièces de gros calibre; on consolida le revêtement de plaques de fer qui défendait les murs du fort Gregg, construit à l'extrémité septentrionale de l'île; de nouvelles machines infernales et autres obstructions sous-marines furent semées autour de la fameuse forteresse Sumter; enfin le général Beauregard plaça de puissantes batteries sur les terres voisines de l'île Morris, afin de prendre à revers la position des unionistes et de les inquiéter dans leurs travaux d'approche. D'ailleurs les lentes opérations des assiégeans ne pouvaient guère être entravées d'une manière sérieuse, grâce à la forme particulière de l'île, protégée d'un côté par la mer, de l'autre par des marécages infranchissables. Le 17 août, après un mois d'un labeur que la saison et la nature du sol rendaient très pénible, les fédéraux, ayant poussé leur troisième parallèle jusqu'à moins de 500 mètres du fort Wagner, ouvrirent de nouveau leur feu; mais cette fois les boulets et les obus lancés par l'artillerie de Gillmore n'avaient pour but aucun des ouvrages de l'île Morris : ils dépassèrent les forts Wagner et Gregg pour aller foudroyer à près de 4 kilomètres de distance la grande citadelle de Sumter, dont les murailles, se dressant au milieu de la rade, offraient un excellent point de mire. En même temps les vaisseaux cuirassés faisaient taire le canon de Wagner et répondaient à ceux de Gregg et de l'île Sullivan, située au nord de la rade. Le double bombardement, continué sans interruption pendant huit jours, produisit des effets terribles. Le 25 août, la partie du fort Sumter tournée vers le sud et vers l'est n'était plus qu'un amas de ruines, tandis que le fort Wagner ressemblait à une dune de sable fouillée dans tous les sens. Dès le 21, Gillmore, voyant les énormes dégâts opérés par son artillerie, somma le général Beauregard de lui abandonner Sumter et les divers ouvrages de l'île Morris, menaçant de bombarder la ville de Charleston, si la reddition des forts attaqués n'était pas immédiatement effectuée. Le général confédéré répondit fièrement par un refus à la demande du général Gillmore et donna l'ordre au commandant du fort Wagner de résister jusqu'à la dernière extrémité. Les fédéraux recommencèrent alors leurs travaux d'approche, afin d'investir complétement la partie de l'île dans laquelle l'ennemi s'était retranché. Les garnisons des forts Wagner et Gregg eussent été inévitablement capturées, si elles n'avaient pris le parti d'évacuer l'île. Elles échappèrent le 6 septembre à la faveur d'une nuit obscure; le lendemain, lorsque le général Gillmore fit ses préparatifs d'assaut, il s'aperçut que les confédérés lui avaient abandonné le terrain si longuement et si bravement disputé.

Maîtres de l'île Morris, les fédéraux avaient par cela même réalisé dans son entier le but purement stratégique de l'expédition, puisqu'ils pouvaient bloquer désormais d'une manière absolue l'entrée du port de Charleston et priver ainsi les états rebelles d'une partie considérable des ressources que lui procure le commerce de contrebande. En effet, les navires qui veulent pénétrer dans la rade de Charleston sont obligés de suivre un chenal extérieur qui court parallèlement à la plage de l'île Morris, et que commandent les batteries côtières sur une distance de plusieurs kilomètres. Afin d'utiliser sa conquête et de s'y établir d'une manière permanente comme dans une immense citadelle, le général Gillmore s'empressa de faire travailler ses soldats à la reconstruction et à l'agrandissement des forts évacués par l'ennemi. Au point de vue militaire, c'était là l'œuvre importante. C'était aussi, aux yeux du peuple américain, une véritable gloire que celle de planter les batteries de l'Union exactement à l'endroit d'où était parti le premier coup de canon des esclavagistes caroliniens. Toutefois la gloire eût été bien plus grande encore, si les fédéraux avaient arboré le drapeau étoilé sur les ruines de Sumter. Entraînés, peut-être à leur insu, par le désir de plaire à l'opinion publique, le général Gillmore et l'amiral Dahlgren résolurent de tenter l'entreprise. Pendant la nuit du 8 au 9 septembre, 400 hommes, embarqués sur des canots, s'avancèrent silencieusement vers les murailles de Sumter; mais, par suite d'un malentendu, ils ne réussirent point à surprendre la faible garnison du fort : ils durent rebrousser chemin sous le feu convergent de toutes les batteries de la rade, et ceux d'entre eux qui mirent pied à terre furent aussitôt faits prisonniers. Depuis cet échec, les unionistes n'ont pas essayé une seule fois de renouveler leur tentative de débarquement sur l'îlot de Sumter. D'ailleurs, tant que les batteries de l'île Sullivan et du port de Charleston n'auront pas été réduites au silence, ce serait pour une garnison fédérale un bien périlleux honneur que celui d'occuper un fort autour duquel peut s'allumer au premier signal un demi-cercle de canons vomissant les boulets. Si le général Gillmore s'était emparé du fort Sumter, il n'aurait pu s'y maintenir qu'au prix de très grands sacrifices. Il dut se contenter de rendre la fameuse citadelle tout à fait inoffensive en démolissant par des canonnades fréquentes les batteries que les confédérés ne se lassaient pas de reconstruire.

Quant à la prise de Charleston, que les optimistes du nord croyaient naïvement devoir succéder à l'occupation de l'île Morris, le général Gillmore ne pouvait rêver un instant d'accomplir un pareil exploit avec le petit nombre de troupes dont il disposait. Charleston est certainement l'une des places du monde les mieux fortifiées par l'art et par la nature. Tout le pourtour de la rade, offrant un développement de 20 kilomètres environ, est comme bardé de forts et de redoutes : la forteresse Johnson, la batterie Simkins, la batterie Royale, la batterie Bee, le fort Moultrie, la batterie Beauregard, bien d'autres encore. Des ouvrages s'élèvent sur chaque promontoire, défendent l'entrée de chaque crique. Les deux îlots de Ripley et de Castle-Pinckney, situés au milieu de la rade, portent chacun sa forteresse, et les quais de Charleston, qui bordent en amont de leur confluent les rives des fleuves Ashley et Cooper, se montrent tout hérissés de remparts. Enfin quelques navires cuirassés, des rangées de pieux, des machines infernales, complètent du côté de la mer les moyens de résistance accumulés par les généraux confédérés. Du côté de la terre, au nord et au sud, c'est principalement la nature du sol qui défend les abords de Charleston. Les îles, au terrain spongieux, sont coupées de marécages au bord desquels nulle armée ne peut s'aventurer sans être aussitôt décimée par les fièvres. Des marigots vaseux, trop peu profonds pour servir de voies navigables aux canonnières, se développent en un vaste labyrinthe à travers les forêts et les prairies tremblantes de l'archipel; enfin les deux fleuves qui s'épanchent dans l'estuaire de Charleston ont chacun plus d'un kilomètre de large, et rendent ainsi l'investissement de la ville presque complétement impossible. Pour opérer sérieusement contre Charleston sans l'appui d'une flotte cuirassée, le général Gillmore aurait eu besoin de 100,000 hommes au moins, tandis que l'effectif de son armée n'a jamais atteint 10,000 combattans. Il est vrai que l'amiral Dahlgren aurait pu essayer de pénétrer de vive force dans la rade; mais l'expérience tentée une première fois en avril 1863 n'avait pas été assez encourageante pour que la flotte fédérale se hasardât à dépasser de nouveau le fort Sumter. N'occupant pour ainsi dire qu'un point à l'entrée de cette rue de batteries que forment les bords de la rade, le général Gillmore ne pouvait faire qu'une seule chose, inquiéter l'ennemi et le tenir sans cesse en haleine en engageant un duel d'artillerie tantôt avec un fort, tantôt avec un autre.

La grande puissance des pièces employées par les deux armées hostiles devant Charleston est un fait nouveau dans l'histoire des siéges. Les confédérés ont armé leurs forts de canons Whitworth, de *columbiades*, de pièces énormes fondues près de Richmond dans l'usine de Tredegar. Les fédéraux de leur côté ont placé en batterie des canons Rodman à âme lisse et des canons rayés de Parrott qui lancent des boulets de 150 et même de 200 kilogrammes, « occa-sionnant, dit l'amiral Dahlgren, des avaries sans précédens dans les annales des batailles. » Lorsque le général Gillmore menaça de bom-barder Charleston si l'île Morris n'était pas évacuée, on tourna sa menace en dérision, et cependant dès le lendemain ses boulets et ses obus éclataient au milieu de la ville, à 9 et 10 kilomètres du point de départ. Depuis cette époque, la conquête de l'île Morris tout entière lui a permis d'avancer ses batteries de 2 kilomètres : aussi commande-t-il facilement tous les points de la rade, et la ville a dû être presque entièrement abandonnée par ses anciens habi-tans. Le *New-Ironsides* et les *monitors* embossés devant les forts de Charleston sont, comme les batteries de l'île Morris, armés de ca-nons d'une très grande puissance. On a calculé que les trente-quatre canons, formant à la fin de 1863 l'effectif moyen de l'artillerie de mer des fédéraux dirigés contre Charleston, pouvaient lancer à la fois 4,000 kilogrammes de fer sur un seul point des murailles de Sumter : à ce taux, un bombardement de dix heures représente une dépense d'au moins 225 tonnes de boulets et de 25 tonnes de poudre. Déjà le petit monitor *Weehawken* avait donné, le 17 juin précédent, un exemple des ravages que peut accomplir la nouvelle artillerie. Attaqué, non loin de Savannah, par la frégate cuirassée *Atlanta*, que suivaient sur deux navires des centaines de spectateurs remplis d'espoir, le bateau fédéral n'eut besoin de tirer que cinq coups de canon pour mettre le vaisseau ennemi hors de combat et lui faire amener son pavillon. A 300 mètres de distance, trois des projectiles, du poids de plus de 200 kilogrammes, avaient traversé de part en part l'armure de l'*Atlanta*, composée de deux plaques de fer d'une épaisseur totale de 10 centimètres et d'un double bordage de près d'un demi-mètre en chêne et en bois de pin. On ne peut s'em-pêcher d'être saisi de frayeur à la pensée que le génie inventif de l'homme découvrira sans doute des engins de destruction bien plus terribles encore.

Jusqu'à la conquête définitive de l'île Morris, c'est vers la petite armée du général Gillmore que se dirigea surtout l'attention publi-que. Les troupes qui opéraient dans le Tennessee et sur les deux bords du Mississipi furent presque oubliées. Il est vrai qu'un calme relatif avait succédé aux grandes opérations militaires qui s'étaient terminées par la prise de Vicksburg. Aussitôt après cet événement, des milliers de soldats, ayant achevé leur temps de service, furent renvoyés dans les états du nord; les fièvres miasmatiques éclatèrent dans les camps et les transformèrent en de vastes hôpitaux; le général Grant lui-même tomba malade et ne put entreprendre de nouvelle campagne. Il dut, au lieu de frapper quelque grand coup, se borner d'abord à expédier quelques troupes à l'est, dans les vallées du Yazoo et du Big-Black, et à l'ouest, sur les bords de la Rivière-Rouge, afin d'éloigner du Mississipi tous les détachemens confédérés et de couper leurs lignes de communication. Ces diverses expéditions furent presque uniformément couronnées de succès. L'une des moins sanglantes eut même pour résultat de faire rentrer sans bruit l'état de l'Arkansas dans le sein de l'Union. Après une série d'escarmouches heureuses sur les rives de la Rivière-Blanche et du Bayou-Métairie, les généraux du nord Steele et Davidson franchirent l'Arkansas en amont de Little-Rock, et, prenant à revers l'armée séparatiste que commandait le vieux général Sterling Price, la forcèrent d'évacuer la capitale de l'état. A Pine-Bluff et sur d'autres points des bords de l'Arkansas, les confédérés firent des tentatives de résistance; mais, vaincus partout, ils durent abandonner complétement la vallée centrale de l'état pour se replier au sud vers les frontières du Texas et de la Louisiane.

Toutefois les succès remportés par les fédéraux sur le Mississipi et dans les états de l'ouest n'entraînèrent point la pacification du pays. Les grandes opérations militaires des confédérés furent remplacées par des expéditions de partisans, par des conspirations et des mouvemens locaux ayant le caractère du brigandage. On eut recours à des moyens de toute espèce pour interdire la navigation du grand fleuve aux bateaux à vapeur de commerce. En certains endroits, des tirailleurs embusqués derrière les arbres du bord déchargent leurs carabines sur les pilotes et les matelots des navires, puis s'enfuient en toute hâte à travers les forêts. Ailleurs des groupes d'esclavagistes se déguisent en soldats du nord, et, par leurs signaux trompeurs, réussissent parfois à faire atterrir le bateau et à s'en emparer. Une société d'incendiaires, comptant parmi ses membres des habitans de toutes les villes riveraines du Mississipi, s'est donné pour mission spéciale de brûler les vapeurs de commerce du fleuve et de ses affluens : en une seule nuit, six magnifiques vapeurs amarrés au quai de Saint-Louis furent ainsi détruits par quelques incendiaires; à la Nouvelle-Orléans, vingt grands bateaux furent à la fois dévorés par les flammes. Dans l'intérieur des terres et principalement sur les frontières du Missouri et du Kansas, où la guerre civile a toujours eu un caractère plus féroce que dans les autres parties de la république américaine, on employa des moyens du même genre pour nuire aux unionistes. C'est ainsi que 300 bandits, prétendant servir la cause de la confédération du sud et commandés par un certain Quantrell, qui se donne le titre de général, surprirent pendant la nuit la ville florissante de Lawrence, massacrèrent dans leurs lits plus de 150 personnes de toute race, de tout sexe et de tout âge, puis allumèrent les maisons et jetèrent les cadavres dans l'immense brasier.

Après un repos presque absolu d'environ six mois, les armées fédérales du Kentucky et du Tennessee commencèrent à s'ébranler. Si l'on considère toutes les forces militaires de l'Union comme un corps unique, les deux ailes sont formées respectivement par les armées du Potomac et du Mississipi; tandis que les troupes qui occupent les vallées du Cumberland et du Tennessee constituent le centre. C'est donc à elles que revient l'honneur de préparer et de frapper les grands coups; néanmoins elles restèrent presque complétement inactives pendant les six mois qui s'écoulèrent après la bataille de Murfreesborough. Depuis longtemps déjà, le commandant en chef Halleck avait conseillé au général Rosecrans de marcher en avant; mais celui-ci, prenant l'avis de tous ses chefs de corps, avait préféré attendre le résultat des opérations entreprises par le général Grant contre Vicksburg. Après la chute de cette forteresse, il se décida enfin à prendre l'offensive. Il débuta par un coup d'éclat qui coûta la vie de quelques hommes à peine. Trompant le général Braxton Bragg par une attaque simulée, il réussit à tourner l'armée confédérée tout entière, et ne lui laissa d'autre alternative que d'accepter la bataille sur un terrain des plus défavorables ou de battre précipitamment en retraite. Bragg préféra ce dernier parti, et se hâta de franchir les montagnes de Cumberland et la rivière Tennessee pour se retrancher dans les murs de Chattanooga. Cette petite ville, située à l'extrémité sud-est du Tennessee, sur les confins de trois autres états, l'Alabama, la Georgie et la Caroline du nord, occupe à peu près le centre géométrique de tout le groupe oriental des états à esclaves, et c'est dans les environs immédiats que se trouve le point de jonction des principaux chemins de fer du sud, rayonnant vers tous les points de l'horizon : au nord-est vers Richmond, au sud-est vers Charleston et Savannah, au sud-ouest vers Mobile et Vicksburg, vers Memphis dans la direction de l'ouest. La région de Chattanooga peut être considérée comme la gare centrale de tous les états du sud. La possession de ce point est donc d'une importance capitale pour l'une ou l'autre des armées belligérantes. Il est relativement au grand chemin de fer transversal qui va de Richmond à Mobile ce que la forteresse de Vicksburg était relativement au Mississipi.

Le général Rosecrans ne laissa pas à son adversaire le temps de rendre la position inexpugnable. Il commença par faire occuper tous les passages de la chaîne du Cumberland et tous les défilés des vallées qui se trouvent au nord et à l'ouest de Chattanooga. Le 21 août, il arrivait en face de la ville et lançait des bombes dans les retranchemens de l'ennemi. Quelques jours après, presque toute son armée passait le Tennessee sans être inquiétée par l'ennemi et s'emparait des hauteurs qui dominent à l'ouest les campagnes de Chattanooga. Le 9 septembre, le général Rosecrans, ayant terminé tous ses préparatifs de bataille, envoya le corps de Crittenden en reconnaissance dans la direction de la ville. Elle était déjà évacuée depuis la veille. Bragg avait abandonné une seconde fois sa ligne de défense pour se replier vers le sud dans l'intérieur de la Georgie. C'était à n'y pas croire. On se demanda longtemps si les confédérés n'avaient pas reculé pour faire tomber l'armée unioniste dans quelque terrible embûche. On ne pouvait expliquer autrement l'abandon d'une position qui est la clé de toute la vallée centrale du Tennessee, la gardienne des principales voies ferrées du sud, le centre stratégique d'un territoire très considérable.

Les revers n'arrivent jamais seuls. Au moment où la confédération perdait Chattanooga, elle perdait aussi tout le Tennessee oriental. L'expédition victorieuse du général Rosecrans avait eu pour complément la marche triomphale du général Burnside. Celui-ci, après avoir quitté la vallée du Cumberland, s'était dirigé au sud-ouest de manière à coopérer avec l'armée de Rosecrans, puis, franchissant les montagnes par des chemins difficiles, où un millier d'hommes déterminés auraient pu l'arrêter, il avait heureusement gagné la ville importante de Kingston, située au confluent des rivières Clinch et Tennessee. Le même jour (1ᵉʳ septembre), un de ses lieutenans, le colonel Foster, s'empara de Knoxville, chef-lieu de la haute vallée du Tennessee oriental. Pour achever la conquête de tout le pays, il ne restait plus aux fédéraux qu'à s'emparer du col ou *gap* de Cumberland, à travers lequel passe la route directe de Knoxville au Kentucky. Par un rapide mouvement de flanc, le général Burnside coupa la retraite au détachement de confédérés qui occupait ce passage, tandis qu'une colonne d'unionistes venue du Kentucky escaladait du côté du nord les pentes de la montagne. Entourés de toutes parts, les rebelles, au nombre de 2,000, se rendirent le 9 septembre, sans avoir opposé de résistance sérieuse. C'était là un succès de la plus haute importance, Cumberland-Gap étant pour ainsi dire la clé de toutes les vallées supérieures du Tennessee. Ce qui rend la possession de ce col plus précieuse encore, c'est que les contrées auxquelles il donne accès au sud et à l'est sont peuplées presque uniquement de cultivateurs hostiles à l'esclavage et fidèles à la cause de l'Union. Semblables aux murailles d'une forteresse assiégée, les hautes chaînes de montagnes parallèles du Tennessee oriental et de la Caroline du nord ont toujours protégé les habitans de ce pays contre les envahissemens de l'aristocratie des grands planteurs. Seule, la force brutale avait pu entraîner en apparence les populations loyales de cette partie de la république américaine dans la confédération rebelle. Longtemps elles avaient résisté à la loi de conscription votée par le congrès de Richmond; de nombreux réfractaires, organisés par petites bandes, harcelaient les corps séparatistes, et de 15 à 18,000 jeunes gens, ayant réussi à gagner le Kentucky, s'étaient enrôlés dans les régimens du nord. Lorsque l'armée de Burnside approcha de Knoxville, presque tous les citoyens allèrent au-devant d'elle en poussant des acclamations de joie et en couvrant le chemin de fleurs sous les pas des soldats. On comprend de quelle importance est pour la cause de l'Union l'occupation permanente de cette contrée, qui joint à l'avantage d'être peuplée de patriotes celui d'occuper le centre de la confédération esclavagiste, telle qu'elle s'était constituée d'abord. Dès qu'il eut reçu la nouvelle de la prise de Cumberland-Gap, le président Lincoln fit immédiatement commencer les études du chemin de fer qui doit réunir un jour Knoxville aux cités du Kentucky.

Évidemment la confédération manquait de soldats, puisqu'après avoir perdu Vicksburg elle se laissait ainsi arracher sans combat les positions à peine moins importantes de Chattanooga et de Knoxville. Le général Lee avait massé des forces très considérables sur les bords du Rapidan et du Rappahannock, afin de protéger les abords de Richmond contre les unionistes; mais sur tous les autres points de la frontière changeante du territoire confédéré les corps de troupes n'étaient pas assez nombreux pour résister avec succès au choc d'une puissante armée. C'était là pour les chefs du gouvernement esclavagiste une situation des plus périlleuses; ils avaient à craindre que toutes les forces éparses du sud ne fussent successivement écrasées, et qu'ils n'eussent bientôt à s'enfermer dans Richmond pour y périr. Il leur fallait donc à tout prix essayer de rétablir l'équilibre militaire en envoyant dans la Géorgie septentrionale une partie de l'armée du général Lee. Cette opération était d'ailleurs relativement facile. En effet, l'empire des planteurs est comparable, en dépit de sa grande étendue, à une place de guerre investie. Les confédérés, qui forment la garnison de cette énorme citadelle, peuvent facilement se porter d'un point à un autre, et remplacer ainsi la masse par la mobilité, tandis que les assiégeans, distribués autour de la place sur une vaste circonférence, doivent être beaucoup plus nombreux, et ne peuvent que difficilement s'entr'aider. L'armée séparatiste possède en outre le privilége de pouvoir utiliser dans ses opérations un réseau intérieur de chemins de fer très dégradés, mais encore praticables. Les fédéraux, de leur côté, n'ont à leur disposition sur le théâtre même de la guerre que des tronçons de voies ferrées brisés de distance en distance par l'ennemi. Ce sont là des avantages temporaires d'une grande importance, et le gouvernement de Richmond se hâta d'en profiter lorsqu'il eut appris l'évacuation de Chattanooga et du Tennessee oriental. Toute la division Longstreet fut immédiatement empruntée au général Lee pour être expédiée à 800 kilomètres de distance au secours des forces démoralisées du général Braxton Bragg. Le corps de Johnston et les détachemens épars qui se trouvaient dans le centre de l'Alabama et de la Géorgie vinrent également rejoindre le gros de l'armée campée sur les montagnes qui s'élèvent entre Rome et Chattanooga; on dit même qu'un grand nombre des prisonniers de Vicksburg, renvoyés sur parole par le général Grant, furent de nouveau enrégimentés malgré eux. Toutes ces opérations se firent dans le plus grand secret. Les commandans fédéraux se figuraient encore avoir devant eux un simple ramassis de fuyards, lorsque déjà une armée presque double de la leur se préparait à les attaquer.

Le général Rosecrans, qui pendant toute la campagne avait toujours agi avec la plus grande circonspection, paraît s'être départi de sa prudence habituelle après son facile triomphe de Chattanooga. Méprisant trop l'ennemi qu'il avait deux fois vaincu sans combat, il dédaigna sans doute de rester sur la défensive et d'attendre que les forces de Burnside eussent opéré leur jonction avec les siennes par la vallée du Tennessee; il s'avança hardiment dans les régions montagneuses du nord de la Géorgie en laissant entre ses corps extrêmes un espace de plus de 60 kilomètres. Heureusement il reconnut à temps la force de l'ennemi, et s'empressa de faire opérer à son armée un mouvement de concentration. Les troupes de Bragg et de Longstreet approchaient rapidement et menaçaient de couper ses communications avec Chattanooga. La rencontre (19 novembre) eut lieu à une vingtaine de kilomètres au sud-est de la ville, dans la petite vallée du Chickamauga, affluent du Tennessee. Les fédéraux occupaient la rive occidentale de ce cours d'eau et les pentes rocheuses des montagnes qui le dominent; la droite était commandée par le général Mac-Cook, le centre par le général Crittenden, la gauche par le général Thomas. C'est contre ce dernier qu'après avoir franchi le ruisseau vint se heurter la masse des confédérés, espérant le refouler sur le centre et conquérir ainsi la route de Chattanooga; mais toutes ces attaques furent énergiquement repoussées, et lorsque la nuit vint mettre un terme à la lutte, les assaillans n'avaient entamé sur aucun point les lignes fédérales. Le lendemain, 20 septembre, l'attaque fut renouvelée avec fureur, d'abord sur la gauche, puis graduellement sur tout le front de l'armée. Toujours repoussés avec perte, les confédérés commençaient à se lasser, lorsque, par suite d'un ordre mal interprété, un général de brigade, Wood, fit un faux mouvement qui laissait une ouverture dans la ligne de bataille entre le centre et la gauche. Aussitôt l'ennemi, s'élançant à travers cette brèche, l'élargit par ses attaques de flanc et réussit dans l'espace de quelques minutes à couper l'armée fédérale en deux. La confusion fut extrême. La retraite devint déroute. Les soldats de la droite et du centre, se voyant débordés par l'ennemi, escaladent à la hâte les montagnes qui s'élèvent à l'ouest et se précipitent dans les vallons qui s'ouvrent au nord vers Chattanooga. Les généraux Mac-Cook et Crittenden, le général Rosecrans lui-même, sont entraînés par le torrent des fuyards et poussés jusque dans la ville; une partie du centre parvient seule à se replier sur la gauche, commandée par le général Thomas. Les colonnes confédérées, triomphantes sur tous les autres points, n'ont plus maintenant à vaincre que ce seul adversaire, vainement attaqué la veille. Cette fois encore, « adossé comme un lion aux escarpemens de la montagne, » il repousse tous les assauts. On cherche alors à le tourner. Le général Longstreet avise un col de montagne d'où il est facile de prendre les fédéraux à revers, et donne immédiatement l'ordre de l'emporter; mais le général Granger, commandant le corps de réserve unioniste, arrive sur le col avant Longstreet, il y place une batterie de six canons et lance la mitraille et les boulets presque à bout portant sur les colonnes d'attaque : là aussi les confédérés durent reculer après un terrible conflit. Lorsque la bataille cessa, l'armée du sud, ayant vaincu complétement Rosecrans, dut se reconnaître impuissante contre le corps du général Thomas. Celui-ci garda ses positions pendant la journée suivante, et ne se replia sur Chattanooga que dans la nuit du 21 au 22 septembre. La terrible bataille de Chickamauga, qui ne devait avoir de résultats importans ni pour la cause du nord, ni pour celle du sud, n'en avait pas moins été l'une des plus sanglantes de la guerre. D'après les rapports officiels, les pertes des deux armées en morts et en blessés s'élevèrent ensemble à près de 30,000 hommes, dont 16,000 fédéraux.

Les chefs de l'armée du sud comprenaient parfaitement que leur victoire de Chickamauga ne serait pour eux qu'un fait d'armes stérile, s'ils ne réussissaient pas à déloger les restes de l'armée fédérale de la place de Chattanooga, qui était le véritable enjeu de la guerre du Tennessee : aussi le général Bragg garda-t-il sous ses ordres la division Longstreet pour tâcher d'investir complétement la place et d'en couper les communications avec le nord. Au premier abord, Chattanooga semblait perdue pour les fédéraux. Cette place, qu'enserre au nord et à l'ouest un méandre de la rivière du Tennessee, occupe un cirque ondulé dominé à l'est par les collines du Missionary-Ridge, hautes de 300 mètres environ, au sud-ouest par la cime escarpée du Lookout-Mountain (mont de la vigie), dont l'élévation dépasse 600 mètres. Dès que les soldats de Rosecrans se furent enfermés dans les murs de Chattanooga, le général Bragg planta ses canons sur toutes les hauteurs, de manière à commander à la fois la ville, le chemin de fer, les routes qui longent les deux rives du Tennessee et le cours du fleuve. Du coup il enlevait ainsi aux fédéraux l'usage de leurs quatre voies de communication les plus importantes avec le nord : il ne leur laissait qu'un seul chemin par lequel il leur fût possible de tirer leurs approvisionnemens de Nashville, et ce chemin lui-même, qui s'engage dans les âpres défilés des montagnes de Cumberland pour aller rejoindre la voie ferrée, était souvent intercepté par les fourrageurs ennemis. En même temps des détachemens de cavalerie confédérée parcouraient le Tennessee central en ravageant les campagnes et en détruisant les ponts afin d'empêcher l'envoi de renforts au général Rosecrans. Les vivres diminuaient rapidement à Chattanooga. Les rations furent réduites de moitié, puis des trois quarts; les chevaux et les mulets de somme périrent de faim par milliers; les blessés et les malades eux-mêmes commencèrent à souffrir du manque de nourriture et de médicamens. La situation, déjà très-grave à la fin du mois de septembre, empira pendant le mois d'octobre. Il devenait de plus en plus évident que, si l'on ne réussissait à rétablir toutes les communications de la garnison de Chattanooga avec le nord, elle courait le risque d'être capturée tout entière ou de mourir de faim. « Je tiendrai tant qu'il y aura du pain, » répondit le général Thomas à une dépêche du ministre de la guerre.

On comprit à Washington que toutes les opérations militaires devaient être subordonnées au salut de Chattanooga. Grant, à peine relevé de maladie, fut rappelé de la Nouvelle-Orléans et nommé général en chef de l'armée du Cumberland en remplacement de Rosecrans; la division Hooker fut transférée par chemin de fer des bords du Rappahannock à ceux du Tennessee; enfin le général Sherman reçut l'ordre de se rendre de Memphis à Chattanooga avec la plus grande partie de ses forces. Hooker arriva le premier et ne perdit pas un instant pour essayer de débloquer la ville. Franchissant le Tennessee à une distance de quelques milles en aval de la montagne de Lookout, il parvint à s'établir dans la petite vallée de Wauhatchie, d'où il menaçait le revers des positions confédérées. Longstreet essaya vainement de le déloger; dans les combats du 27, du 28 et du 29 octobre, Hooker repoussa successivement toutes les attaques et finit par s'emparer des retranchemens élevés par l'ennemi à la base du mont Lookout. Par ce fait d'armes important, la liberté des communications de Chattanooga avec le nord fut rétablie, et la durée des transports fut tout à coup réduite des neuf dixièmes.

L'armée fédérale du Cumberland était définitivement sauvée. Quelques jours après, elle pouvait reprendre l'offensive, grâce à l'arrivée du général Sherman, qui avait réussi à faire une marche de flanc de 500 kilomètres sans se laisser entamer une seule fois par les attaques de l'ennemi. Le général Longstreet, comprenant alors que Chattanooga resterait aux fédéraux, se hâta de partir avec toutes ses forces pour les hautes vallées du Tennessee, dans l'espérance d'arriver encore à temps pour en chasser Burnside. S'il fût parti quelques jours plus tôt, il est probable qu'il eût atteint son but; mais il était trop tard.

C'est le 23 novembre, plus de deux mois après la bataille de Chickamauga, que le général Grant donna l'ordre à ses troupes de se porter en avant. La division du général Thomas, forte de 25,000 hommes, sortit des retranchemens de Chattanooga et se forma en ligne de bataille avec tant de précision et de régularité que l'armée rebelle, regardant tranquillement du haut du Missionary-Ridge, crut assister à une revue. Soudain les colonnes fédérales, précédées de leurs tirailleurs, se précipitent sur les avant-postes confédérés, les chassent de leurs tranchées et s'emparent du petit monticule d'Orchard-Knob (tertre des vergers), qui se redresse à la base du Missionary-Ridge et commande la plus grande partie de la vallée. Là se bornèrent les opérations préliminaires de la bataille ou plutôt des deux batailles distinctes, car l'armée de Bragg, occupant deux chaînes de hauteurs éloignées d'une dizaine de kilomètres l'une de l'autre, le Missionary-Ridge et le mont Lookout, on ne pouvait la vaincre que par deux attaques séparées. La mission d'emporter les positions du Lookout fut confiée au général Thomas, qui campait à l'ouest de Chattanooga, dans la vallée de Wauhatchie. Les généraux Thomas et Sherman devaient combiner leurs efforts pour escalader le Missionary-Ridge, au sommet duquel se trouvait le quartier-général de Braxton Bragg.

La division Hooker accomplit bravement son devoir pendant la journée du 24. Gravissant les pentes occidentales du mont Lookout, elle s'enfonça dans la zone de nuages qui entourait la cime, emporta successivement les positions étagées sur les escarpemens et chassa les confédérés d'un col d'où ils commandaient à la fois la vallée de Wauhatchie et celle de Chattanooga. Le lendemain matin, lorsque les nuages se furent dissipés, on aperçut le drapeau fédéral flottant au sommet du mont et les troupes victorieuses du général Hooker se déployant dans la vallée de Chattanooga pour prendre leur part à l'attaque du Missionary-Ridge. De ce côté, les opérations avaient été également heureuses. Dans la nuit du 23 au 24, Sherman avait transféré secrètement ses troupes sur la rive septentrionale du Tennessee, à 10 kilomètres en amont de la ville, puis leur avait fait de nouveau traverser le fleuve vis-à-vis de l'embouchure du ruisseau de Chickamauga. Cette manœuvre réussit à merveille. Surprises dans la matinée par une attaque de flanc, les troupes d'avant-postes qui gardaient les premiers renflemens de la chaîne du Missionary-Ridge se replièrent sur le gros de l'armée confédérée, abandonnant ainsi au général Sherman la rive méridionale du fleuve. Peu à peu le champ de bataille se rétrécissait autour de la crête de montagne occupée par le général Bragg. Le 25 au matin, l'artillerie de Chattanooga et celle d'Orchard-Knob commencèrent à tonner contre les ouvrages du Missionary-Ridge, tandis que Sherman essayait de poursuivre ses avantages de la veille en attaquant la droite de Bragg, postée sur une colline qui prolonge au nord la crête principale de la chaîne. Il atteignit en effet le point culminant de la hauteur, et parvint à s'y maintenir pendant une heure environ; mais, toutes les troupes de la réserve ayant été lancées contre lui, il dut se retirer après une lutte sanglante. C'est alors que le général Grant donna l'ordre de l'attaque au centre de l'armée massée à la base du Missionary-Ridge, dans la vallée de Chattanooga. L'attaque se fit au pas de course. En quelques instans, les rebelles furent chassés de leurs tranchées et s'enfuirent en foule par tous les sentiers qui sillonnent obliquement la pente de la montagne. Derrière eux, les fédéraux couraient en désordre, s'arrêtant de temps en temps pour décharger leurs fusils et s'encourageant les uns les autres par des hourrahs. Ce fut comme un coup de théâtre. A peine les quarante pièces de canon placées sur la crête eurent-elles vomi leurs boulets et leur mitraille sur les assaillans que ceux-ci atteignaient le sommet, s'emparaient de l'artillerie et la retournaient contre les fuyards. En même temps le général Hooker apparaissait sur la montagne en arrière des vaincus et coupait la retraite à des milliers d'entre eux. Il continua la poursuite jusqu'à la ville de Ringgold, située à 30 kilomètres au sud-est de Chattanooga; mais là il fut arrêté par une vigoureuse résistance de l'arrière-garde confédérée. Pendant ces trois jours de lutte, les pertes réunies des deux armées en tués et blessés s'élevèrent à 4 ou 5,000 hommes.

La grande victoire de Chattanooga, beaucoup moins sanglante et néanmoins beaucoup plus importante par ses résultats que la bataille de Chickamauga, n'assura pas seulement aux fédéraux la possession incontestée du centre géographique et stratégique des états à esclaves; elle consolida aussi, par contre-coup, la conquête longtemps précaire de Knoxville et du Tennessee oriental. Le général Burnside, n'ayant à sa disposition que des forces peu considérables, avait eu à subir une série de revers partiels. Ses convois avaient été capturés, plusieurs détachemens isolés de sa petite armée avaient été surpris et faits prisonniers; enfin il avait été obligé de resserrer ses lignes autour de Knoxville en abandonnant ses communications avec le col de Cumberland. Il était impossible de lui envoyer des renforts. Le gouvernement de Washington dut se borner à le secourir indirectement en ordonnant au général Meade de harceler l'armée de Lee et même de lui offrir bataille. En effet, le général Lee, craignant d'ouvrir à ses adversaires le chemin de Richmond, fut obligé de garder avec lui toutes ses troupes, déjà bien réduites par les maladies et les combats. Grâce aux escarmouches incessantes qui ensanglantaient les bords du Rappahannock et du Rapidan, Burnside n'eut donc rien à craindre de l'armée de la Virginie; mais après le combat de Wauhatchie il eut à se défendre contre les troupes de Longstreet. Il se retrancha dans Knoxville, construisit à la hâte quelques forts, et prit toutes les mesures nécessaires pour soutenir un siège en règle. Encouragés par le zèle patriotique de la population, les soldats de Burnside résistèrent avec succès à toutes les attaques. Enfin le 29 novembre, le général Longstreet, qui connaissait déjà la victoire de Grant à Chattanooga, et qui s'attendait à être attaqué lui-même d'un jour à l'autre, tenta un suprême effort. Repoussé avec de grandes pertes, il dut battre précipitamment en retraite vers l'angle extrême de l'état, sur les frontières de la Virginie et de la Caroline du nord. La campagne du Tennessee oriental, comme celle de Chattanooga, s'était terminée par la victoire décisive des fédéraux.

V. — CAMPAGNES DE 1864. — EXPÉDITIONS DES GÉNÉRAUX SHERMAN, BANKS ET GILLMORE. — MASSACRE DU FORT PILLOW. — BATAILLES DE LA VIRGINIE. — SIÉGES DE PETERSBURG, D'ATLANTA ET DE MOBILE.

Ainsi, au commencement de l'année 1864, les armées de l'Union avaient arraché aux rebelles confédérés tout le versant mississipien de cette longue chaîne des Alleghanys, qui traverse en diagonale le groupe oriental des états à esclaves. Les fédéraux n'avaient encore franchi les montagnes sur aucun point pour descendre dans les plaines du versant atlantique; mais leurs flottes bloquaient les côtes, et des garnisons de soldats du nord occupaient plusieurs positions très importantes : Norfolk, New-Bern, l'île Morris, Port-Royal, le fort Pulaski, Fernandina, Pensacole. Au-delà du Mississipi, les régions les plus populeuses de la Louisiane occidentale, l'Arkansas, le Missouri, ne faisaient plus partie du territoire que le congrès esclavagiste avait réclamé comme son domaine, et le général Banks venait de prendre sans coup férir la place texienne de Brownsville, le principal rendez-vous des violateurs du blocus et la seule ville par laquelle les états du sud étaient encore en communication directe avec le reste du monde. Les fédéraux ne cessaient de garder l'offensive; ils avançaient lentement, mais d'un pas sûr.

D'ailleurs personne dans la confédération ne comprenait la grandeur du danger mieux que les chefs du gouvernement et les membres du congrès. Pendant les mois de répit que leur donna l'hiver, ils firent preuve d'une résolution et d'une énergie rarement égalées. En dépit de la prétendue souveraineté des états, tous les pouvoirs furent centralisés à Richmond, et les garanties de liberté personnelle furent suspendues. Tous les soldats enrôlés reçurent l'ordre de rester au service jusqu'à la fin de la guerre; les réfractaires de la Caroline du nord et de certaines parties de l'Alabama furent pourchassés comme des bêtes fauves et de force enrégimentés dans l'armée; tous les hommes valides de dix-sept à cinquante ans, sans autre exception que celle des ouvriers employés dans les établissemens militaires, furent appelés sous les drapeaux; on organisa en corps de milices les enfans de seize ans et les vieillards de cinquante à cinquante-cinq ans, tandis que des milliers de femmes et de jeunes filles prirent dans les bureaux de l'administration la place des commis devenus soldats. En même temps le congrès ne recula point devant une banqueroute partielle pour se procurer le nerf de la guerre; en votant l'émission nouvelle de bons du trésor, il décida que les billets précédemment émis pour une somme de près d'un milliard seraient imposés successivement de 33, de 50, de 100 pour 100, c'est-à-dire qu'ils perdraient toute valeur, s'ils n'étaient échangés contre de nouveaux assignats.

Moins énergique parce qu'il n'est pas menacé des mêmes dangers, le gouvernement de Washington n'en prit pas moins de grandes mesures pour consolider les forces nationales et leur assurer l'avantage de l'offensive. Grant, le vainqueur de Vicksburg et de Missionary-Ridge, fut appelé au commandement en chef de l'armée, et la tente lui fut assignée pour quartier-général. Il commença par faire demander au peuple une nouvelle armée de 200,000 hommes, puis il réorganisa complétement l'état-major afin d'obtenir une plus grande unité dans la direction des opérations militaires. Les événemens que nous allons raconter brièvement sont encore trop récens et trop embrouillés, les documens authentiques sont encore trop rares pour qu'il soit possible de discerner nettement tous les résultats obtenus par l'initiative du général Grant dans la présente campagne; cependant l'ensemble des faits militaires suffit à prouver, croyons-nous, que le « héros de Vicksburg » n'a point trompé la confiance de la nation.

Avant de frapper les grands coups, il voulut d'abord se rendre parfaitement compte de la situation en faisant opérer, soit par de simples détachemens de cavalerie, soit même par de grands corps d'armée, de fortes reconnaissances sur les divers points de l'immense échiquier stratégique que forment les états du sud. En Virginie, le général Kilpatrick et divers lieutenans du général Butler allèrent détruire les ponts et les viaducs des chemins de fer jusqu'aux portes de Richmond, et l'un d'eux dépassa même la première ligne des forts, à la grande terreur des habitans. Dans le Mississipi, le général Sherman, à la tête de 30,000 hommes, traversa l'état dans toute sa largeur jusqu'aux frontières de l'Alabama, détruisit complétement diverses voies ferrées qui n'ont pas encore été reconstruites, et revint à Vicksburg en ramenant avec lui 8,000 nègres affranchis. Il est probable que Sherman avait été chargé de couper aussi les grandes voies de communication de l'Alabama; mais un corps de cavalerie qui devait le rejoindre, ayant été mis en déroute par le chef de bandes Forrest, l'armée principale dut rebrousser chemin après avoir accompli seulement la moitié de sa mission. Dans la Floride, une autre expédition, organisée par le général Gillmore, fut moins heureuse que celle de Sherman. Elle s'empara d'abord facilement de Jacksonville, de tout le cours du fleuve Saint-John et de Baldwin, la station centrale de l'état; mais au lieu de se contenter de ces succès, qui lui permettaient d'arrêter au passage tous les approvisionnemens expédiés de la Floride aux garnisons de Charleston et de Savannah, le général Seymour, lieutenant de Gillmore, eut l'imprudence de s'avancer sur un terrain qu'il ne connaissait pas. Son armée de 5,000 hommes fut surprise et mise en déroute. Sans le dévouement de quelques centaines de nègres, qui se firent tuer pour leurs compagnons d'armes, un bien petit nombre de fédéraux auraient pu raconter le désastre d'Olustee.

Aussitôt après le retour de l'armée de Sherman à Vicksburg, d'autres corps de troupes partis de la Nouvelle-Orléans et de Port-Hudson se donnèrent rendez-vous sur les bords de la Rivière-Rouge pour entreprendre, à l'ouest du Mississipi, une œuvre semblable à celle qui venait d'être accomplie à l'est du grand fleuve par le général Sherman. L'expédition commença d'une manière brillante. Les généraux Smith et Mower, trompant la garnison du fort de Russey par une feinte manœuvre, réussirent à s'emparer presque sans combat de ces fortifications redoutables devant lesquelles le colonel Ellet avait dû naguère abandonner la *Queen of the West*; ensuite le général Banks occupa la ville importante d'Alexandria, et, remontant toujours la Rivière-Rouge à la poursuite de l'ennemi, se trouva bientôt près des frontières du Texas. Le 8 avril au matin, les troupes fédérales d'avant-garde, disposées en longues colonnes de marche et partagées en deux corps par un convoi de plusieurs centaines de wagons, furent surprises par les 10,000 hommes de Kirby Smith, au moment où elles traversaient sans défiance les bois de pins de Sabine-Cross-Roads. La panique fut soudaine, irrésistible.

Les corps de troupes, attaqués à l'improviste, se replièrent en désordre, et des milliers de fuyards traversèrent éperdus le centre et l'arrière-garde de l'armée pour aller se mettre sous la protection des canonnières de la Rivière-Rouge. Quelques régimens essayèrent en vain de soutenir le choc des Texiens, ils durent battre en retraite après avoir perdu 2,000 hommes tués, blessés ou prisonniers. Le lendemain, les confédérés voulurent poursuivre leurs avantages; mais pendant la nuit les troupes du nord, revenues de leur surprise, s'étaient formées en ligne de bataille sur les hauteurs de Pleasant-Hill : elles repoussèrent toutes les attaques de l'ennemi et lui firent subir une perte considérable.

En dépit de cette victoire du second jour, le général Banks, privé d'une grande partie de ses approvisionnemens, menacé sur ses derrières par de forts détachemens confédérés qui parcouraient les bords de la Rivière-Rouge et mettaient le siége devant Alexandria, dut ordonner la retraite vers le Mississipi. Ce mouvement s'accomplit sans désastre; mais la flottille de l'amiral Porter, aventurée sur un fleuve que parsèment des *embarras* d'arbres et que coupent des rapides dangereux, courut grand risque de rester bloquée dans les eaux basses. Obligés chaque jour de disperser à coups de canon les bandes ennemies qui les suivaient sur les deux berges, les vaisseaux descendirent péniblement, à travers les bancs de sable, les rapides et les embarras jusqu'en amont d'Alexandria; là toute la flottille se trouva retenue par le manque d'eau, elle semblait inévitablement perdue, et les confédérés, se réjouissant d'avance de la grande capture qu'ils allaient faire, essayaient d'établir autour des vaisseaux un cercle de batteries. Bailey, rude pionnier de l'ouest devenu colonel dans l'armée fédérale, trouva le moyen de tirer l'amiral Porter de cette fâcheuse position ; sous le canon de Kirby Smith et du prince de Polignac, il fit barrer la rivière pour élever le niveau des eaux, puis il ouvrit à travers le barrage un canal de fuite dont le courant rapide emporta successivement tous les navires par-dessus les obstacles du fond. Ainsi fut sauvée l'escadre de *monitors* et de *tortues,* qui paraissait devoir tomber, comme une proie facile, entre les mains de l'ennemi.

Tandis que les fédéraux essayaient, avec des succès divers, d'accroître sur les deux rives du Mississipi la zone que leur avait value la prise de Vicksburg et de Port-Hudson, les esclavagistes cherchaient dans le cercle d'armées qui se resserrait autour d'eux un espace mal gardé qui leur permît de reporter la guerre vers les régions populeuses du centre, et qui fît hésiter le général Grant dans ses plans de campagne. Cet espace libre, les confédérés le trouvèrent, grâce à la connivence des *copper-heads* qui fourmillent dans le Kentucky. Forrest, ancien marchand d'esclaves, promu dans le sud à la dignité de général, fit tout à coup son apparition, à la tête de 7,000 hommes, dans le Kentucky occidental, et se présenta devant la ville importante de Paducah, que des affidés du nord avaient, dit-on, approvisionnée de marchandises de toute sorte en prévision de la visite de leurs alliés. La cité fut mise au pillage, mais la garnison du fort, composée en grande partie de nègres, se défendit victorieusement pendant deux jours et força les esclavagistes à la retraite. Furieux de son échec, Forrest se jette alors avec toutes ses troupes contre le petit fort Pillow, ouvrage de 4 canons situé sur une falaise de la rive gauche du Mississipi et défendu par 500 soldats, dont 250 nègres. La garnison résista jusqu'au soir; mais, le commandant ayant été frappé à mort et la canonnière qui prenait en enfilade les assaillans ayant épuisé toutes ses munitions, les confédérés escaladèrent les murailles et pénétrèrent dans le fort. Les hommes de la garnison jetèrent leurs armes et demandèrent quartier. Ce fut en vain, une horrible boucherie commença. Les blessés, blancs et nègres, furent achevés à coups de crosse et de baïonnette; les fuyards furent abattus à la course, tués jusque dans l'eau du Mississipi; les femmes et les enfans qui se trouvaient dans le fort ne furent même pas épargnés. Des soldats féroces se donnèrent le plaisir d'enterrer vifs quelques-uns des vaincus. A peine une dizaine de mutilés, laissés pour morts sur le sol rougi de sang, survécurent-ils à cette affreuse tuerie et purent-ils en raconter les détails. D'abord on voulut mettre leurs récits en doute, mais les meurtriers eux-mêmes ne craignirent pas de vanter insolemment leurs exploits et trouvèrent des admirateurs jusque dans le congrès de Richmond. D'ailleurs une commission nommée par le gouvernement fédéral alla sur les lieux mêmes recueillir des preuves irrécusables du massacre.

Le général Forrest, content de son œuvre de sang, se hâta de faire sauter les remparts du fort Pillow, qu'il eût été incapable de défendre, et se réfugia au plus tôt dans l'intérieur du Tennessee, poursuivi par les généraux Sturgis et Grierson. Il avait fait beaucoup de mal, mais du moins n'avait-il pu reconquérir d'une manière permanente aucune position stratégique. Dans la Caroline du nord, le général confédéré Hoke fut plus heureux. Après avoir fait contre New-Bern plusieurs tentatives infructueuses, il mit le siége devant Plymouth, et pour la première fois depuis le commencement de la guerre les fédéraux furent obligés d'évacuer une place qu'ils avaient conquise et fortifiée. Certes Plymouth, comparée à Nashville, à Chattanooga, à la Nouvelle-Orléans, n'a qu'une importance très secondaire; mais la perte de cette ville n'en constitua pas moins un sérieux échec pour les fédéraux et les obligea d'abandonner en grande partie à leurs ennemis les eaux intérieures de l'Albemarle-Sound.

Toutefois l'impassible Grant semblait ignorer les incursions de Forrest et la chute de Plymouth. Sans se laisser détourner de son plan, il continuait ses préparatifs d'attaque contre les forces de Lee. Enfin le 4 mai il donna l'ordre à l'armée du Potomac de marcher en avant, à l'heure même où le général Sherman sortait de la ville de Chattanooga, à 800 kilomètres au sud-ouest de Washington, et pénétrait en Georgie pour se porter à la rencontre de l'ennemi. Les deux grandes armées de la république, ébranlant en même temps leurs masses, se dirigeaient, l'une vers Richmond, l'autre vers Atlanta, c'est-à-dire vers les deux foyers de l'ovale allongé que forme le territoire des esclavagistes. Comme si la contrée occupée par les rebelles n'était qu'un seul champ de bataille, les forces de Grant et celles de Sherman, comparables aux deux ailes d'une armée gigantesque, se déployaient à la fois pour opérer un mouvement de concentration autour des états insurgés.

Considérées isolément, les troupes fédérales lancées contre la Virginie devaient accomplir sur une plus petite échelle un mouvement de concentration semblable, en convergeant graduellement vers Richmond, la capitale des rebelles. Tandis que le corps principal, sous les ordres immédiats du général Meade, se réservait l'honneur d'attaquer de front l'armée de Lee et de marcher en droite ligne sur Richmond, un autre corps, commandé par Sigel, devait remonter la vallée de la Shenandoah et menacer les communications de Richmond avec la Virginie centrale. Un troisième corps enfin devait prendre pour point de départ la forteresse Monroe et se diriger par le sud-est vers la place ennemie. La campagne qui commençait ainsi, et qui dure encore, sera sans doute regardée plus tard comme la période héroïque de la grande épopée américaine. D'ailleurs les stratégistes modernes ne sauraient trop l'étudier dans tous ses détails à cause de la révolution qu'ont opérée dans la science de la guerre les voies ferrées et l'art, tout américain, d'improviser des fortifications sur les champs de bataille. En Virginie, chaque camp se transforme immédiatement en forteresse, chaque attaque se complique d'un siége. Il faut ajouter que l'histoire n'offre peut-être pas d'exemple d'une lutte dans laquelle les adversaires, généraux et soldats, aient montré à la fois plus de force d'attaque et de courage passif, plus d'initiative et d'indomptable ténacité. De part et d'autre, le nombre des victimes a témoigné de cette volonté puissante que les Anglo-Saxons du Nouveau-Monde apportent dans toutes leurs entreprises, celles de la guerre aussi bien que celles de la paix.

La vallée du Rapidan, affluent du Rappahannock qui coule à peu près à égale distance de Washington et de Richmond, séparait les deux armées ennemies. Dans la nuit du 4 au 5 mai, les troupes de

Grant commencèrent leur mouvement offensif en franchissant ce cours d'eau. Elles n'eurent pas à rencontrer de forte opposition. Lee, attendant son adversaire beaucoup plus à l'ouest, n'était pas en mesure de lui résister. Il dut évacuer précipitamment les fortifications qu'il avait construites pendant l'hiver, et se porta en travers de la ligne de marche qu'avait à suivre l'armée du général Grant. Le premier choc eut lieu, le 5 au soir, dans les solitudes de Wilderness, fourré presque inextricable de pins et de chênes rabougris où la cavalerie, où l'artillerie elle-même, n'ont pas assez de place pour manœuvrer. Aussitôt après avoir opéré une rapide reconnaissance, Lee, employant la tactique qui lui avait déjà réussi en tant de batailles, lança ses forces par grandes masses sur la droite fédérale, commandée par le général Sedgwick. Ce corps résista sans broncher pendant toute la soirée, et par sa fière attitude permit au centre et à la gauche de l'armée de faire des progrès importans. Le lendemain, 6 mai, le général Lee garda l'offensive. A la tête de ses troupes les plus solides, il vint heurter le centre, puis la gauche; mais il ne put les rompre. Il était déjà tard, et la nuit se faisait. Les assaillans se jettent alors avec furie sur la droite, qui déjà la veille avait porté tout le faix de la bataille. Épuisés par la longue lutte, quelques régimens de Sedgwick faiblissent; l'extrême droite est débordée, une déroute partielle commence, et des fuyards couvrent les chemins qui mènent vers les gués du Rapidan. Un officier effaré annonce la nouvelle au général Grant, qui s'appuyait contre un arbre en fumant dans sa pipe de bois, silencieux, impassible. Le général regarde le messager, puis son état-major consterné. « Je ne le crois pas, » dit-il tout simplement. En effet, le mal n'était pas aussi grand qu'on aurait pu le supposer, car l'obscurité croissante et la nature du terrain empêchaient les confédérés de poursuivre leurs avantages. Pendant la nuit, le général Grant fit changer de front à toute son armée et fortifia considérablement sa gauche, chargée à son tour de prendre l'offensive et de tourner les forces de Lee. Celui-ci, voyant quel était le danger, ne voulut point risquer un nouveau combat; il donna l'ordre de la retraite, et, poursuivi par les forces de Grant, il se rendit en toute hâte sur les hauteurs de Spottsylvania, à 20 kilomètres plus au sud. Près de 20,000 morts et blessés étaient tombés au milieu des broussailles de Wilderness.

De son côté, le général Butler avait admirablement rempli la partie du programme qui lui avait été confiée. Depuis plusieurs mois déjà, il travaillait avec acharnement à des préparatifs de campagne, dirigés en apparence contre les avenues de Richmond qui aboutissent à York-River. Il faisait creuser des bassins sur les bords de ce fleuve, il accumulait des approvisionnemens, il réparait les jetées et les magasins, puis il attaquait de vive force la ville de West-Point et y logeait une partie de ses troupes. Trompés par ces grands travaux et ces manœuvres, les généraux confédérés massaient leurs forces sur le chemin de fer de Richmond à West-Point et semaient le fleuve de machines infernales. Soudain Butler disparaît avec son armée. Profitant de la nuit pendant laquelle le général Grant franchissait le Rapidan, il embarque ses soldats sur des transports, double la péninsule de Yorktown et la forteresse Monroe, entre dans le James-River, dont les bords sont presque complétement dégarnis de garnisons rebelles, s'empare successivement de tous les forts, puis de la ville de City-Point, et, sans avoir perdu un seul homme, se loge heureusement dans la péninsule de Bermuda-Hundred, située à 25 kilomètres au sud-est de Richmond. Dans cette forteresse naturelle, protégée sur toutes ses faces, au nord et à l'est par le James-River, au sud par le fleuve Appomatox, à l'ouest par une zone de marécages, le général Butler pouvait facilement se défendre contre une armée bien supérieure en nombre; en outre il forçait l'ennemi à maintenir en face de lui des corps de troupes considérables pour empêcher la destruction du chemin de fer de Richmond à Petersburg, tête de ligne de la plupart des voies ferrées qui réunissent aux états du sud la capitale de la confédération. Nul doute qu'en ordonnant à Butler d'occuper Bermuda-Hundred, le général Grant n'ait eu l'intention d'en faire sa grande place d'armes pour entreprendre plus tard le double siége de Petersburg et de Richmond. Ne pouvant espérer d'écraser complétement un adversaire aussi redoutable que le général Lee, il comptait du moins l'affaiblir graduellement par une série de batailles, le rejeter dans la capitale du sud et le prendre ensuite à revers en transférant son armée dans la péninsule si habilement conquise par le général Butler.

Pendant que celui-ci se fortifiait en toute hâte dans la presqu'île de Bermuda, l'armée du Potomac continuait de marcher vers Richmond dans son propre sang et dans celui de l'ennemi. Chaque jour, c'était une nouvelle bataille où les morts et les blessés se comptaient par milliers; les soldats dormaient sous les armes et souvent combattaient la nuit, ou bien exécutaient de longues marches. Le 8 au soir, les unionistes, à peine arrivés de Wilderness, attaquent à trois reprises la première ligne des retranchemens confédérés et s'en emparent après avoir perdu 1,500 hommes; mais Lee garde toujours le village de Spottsylvania et la vallée du Po. Le 9 mai, nouveaux combats, dans l'un desquels tombe le général Sedgwick, l'un des chefs les plus braves et les plus aimés de l'armée du nord. Dans la soirée, la droite, commandée par Hancock, réussit à franchir le Po et menace le flanc gauche du général Lee. Le 10, une bataille non moins terrible que celle de Wilderness éclate sur toute la ligne. Les confédérés prennent de nouveau l'offensive, mais ils sont repoussés dans l'épaisseur des bois après un sanglant carnage. A leur tour, les fédéraux, soutenus par une canonnade furieuse, attaquent les hauteurs, où les masses ennemies se sont disposées en un long triangle, semblable à celui des forces de Meade sur les coteaux de Gettysburg. Les bombes mettent le feu à la forêt; bientôt une partie du champ de bataille devient un grand brasier; les morts et les blessés sont calcinés sur le sol brûlant, et néanmoins les deux armées continuent de lutter au milieu des flammes et de la fumée. Bien avant dans la nuit, lorsque la lassitude mit fin à la tuerie, les fédéraux restaient les maîtres du champ de bataille; toutefois Lee tenait encore dans Spottsylvania. Le lendemain 11, on se borna de part et d'autre à de légères escarmouches; mais dans la nuit le corps de Hancock, qui formait la droite fédérale, fut transféré secrètement à l'extrême gauche, et le soleil se levait à peine pour éclairer un autre jour de bataille que la célèbre brigade de « Stonewall » était entourée sans bruit et capturée tout entière avec ses généraux. Aussitôt un nouveau choc eut lieu sur toute la ligne; mais l'élan des confédérés ne put rien contre la solidité des unionistes, et pendant la nuit le général Lee évacua Spottsylvania pour se porter en toute hâte à près de 40 kilomètres plus au sud, dans une forte position entourée de chemins de fer et défendue au nord par un large affluent du Pamunkey, le North-Anna. Depuis le passage du Rapidan par les fédéraux, la perte totale des armées ennemies s'élevait à 40,000 ou 50,000 hommes, tués, blessés et prisonniers.

Ces effrayantes hécatombes n'ébranlèrent point la tenace volonté des deux adversaires, et les batailles qui suivirent furent à peu de chose près la répétition de celles de Wilderness et de Spottsylvania; toutefois Lee, se rapprochant peu à peu de sa base d'approvisionnemens et couvert par des lignes de défense de plus en plus solides à mesure qu'il se repliait sur Richmond, était relativement plus fort à chaque pas fait en arrière, tandis que Grant, traînant avec lui d'immenses convois d'approvisionnemens, devenait de moins en moins puissant pour l'attaque dans ce pays ennemi où tout était obstacle. Aussi devait-il, après chaque bataille, manœuvrer dans la direction du sud-est, afin de se rapprocher de la rivière James, où l'attendaient ses transports de munitions et de vivres. Pendant toute une semaine, il s'acharna contre la position occupée par le général Lee entre le North-Anna et le South-Anna; mais, n'ayant pas réussi à déloger son adversaire, il eut recours à une marche de flanc que les confédérés, trop affaiblis, n'osèrent point interrompre, et franchit le Pamunkey pour reprendre sa marche vers la péninsule. Par ce mouvement oblique, que les soldats comparent pittoresquement à celui de l'écrevisse, le général Grant força l'armée ennemie d'abandonner au plus tôt ses positions et de se retrancher sur les bords du Chickahominy, dernière vallée qui couvre Richmond du côté du nord. Là de nouveaux assauts sont livrés, une autre bataille sanglante moissonne des milliers d'hommes; de nouveau les troupes de Grant doivent rentrer dans leur camp sans avoir forcé les lignes de l'ennemi. Ne voulant pas risquer son armée dans les marécages insalubres où Mac-Clellan avait perdu la moitié de la sienne deux années auparavant, il exécute, sans être inquiété, un second mouvement oblique et transfère ses troupes dans le vaste camp retranché que forme la péninsule comprise entre la rivière James et l'Appomatox.

Là, sans inquiétude pour ses approvisionnemens et ses renforts, qui lui arrivent désormais tous les jours par la rivière James, le général Grant jouit d'une complète liberté de mouvemens et n'a plus à craindre d'être tourné par l'ennemi. Il peut s'occuper uniquement de ses opérations de siége, et certes l'œuvre est assez grande pour qu'il y applique toute son énergie. L'espace que défendent Lee et Beauregard, les deux généraux les plus fameux du sud, et dans lequel on peut dire que la confédération a risqué son avenir tout entier, ne se compose pas de la seule ville de Richmond; elle comprend aussi Petersburg et le chemin de fer qui réunit les deux cités. L'ensemble des retranchemens forme en réalité une énorme citadelle dont le front, long de 40 kilomètres, offre de formidables ouvrages comme ceux de Petersburg et de Drury's-Bluff. Derrière ces fortifications, une voie ferrée peut en quelques heures transporter la garnison sur tous les points menacés. Ce sont là les retranchemens que Grant, solidement retranché lui-même, cherche à percer sur un point ou sur un autre afin d'isoler Richmond de ses communications avec le sud et d'en faire une simple enclave des états libres, destinée à tomber tôt ou tard, et par la force même des choses, au pouvoir des fédéraux. Le siége dure déjà depuis plus de trois mois; mais Grant ne se lasse pas plus devant Richmond qu'il ne s'est lassé devant Vicksburg. On a voulu d'abord lui faire lâcher prise par des assauts directs; il les a repoussés. Ensuite le gouvernement confédéré, profitant d'une défaite du général unioniste Hunter, a lancé par la vallée de la Shenandoah une armée de 15,000 fourrageurs qui ont fait main basse sur les chevaux et le bétail des fermiers du Maryland et sont même venus parader sous les murs de Washington; mais Grant s'est borné à faire une simple tournée d'inspection sur les bords du Potomac, et c'est aussitôt après son retour qu'il ordonnait le terrible assaut livré inutilement contre les forts du cimetière de Petersburg. Depuis cet échec, il a conquis d'importantes positions au nord de la rivière James, et s'est emparé, après deux jours de bataille, du chemin de fer de Weldon, au sud de Petersburg. On peut juger de la portée de ce dernier triomphe par l'acharnement que les confédérés ont en vain déployé dans trois combats sanglans pour reconquérir la voie ferrée de Weldon, ainsi que leurs communications directes avec Wilmington et tout le littoral des deux Carolines.

D'ailleurs le sort de la capitale des rebelles dépend en grande partie de celui de la Georgie, qui forme, au point de vue géographique, la clé de voûte de la confédération esclavagiste. Or, depuis l'ouverture de la campagne, le général Sherman n'a cessé de marcher en avant après chaque bataille, même celles qu'il a perdues. Par un mouvement de flanc, il força d'abord le général Johnston à quitter en toute hâte la ville importante de Dalton; puis, descendant vers les fertiles plaines de la Georgie, il battit son adversaire à Resaca, franchit successivement plusieurs affluens supérieurs de la rivière de Mobile, et s'empara de Kingston, de Rome, d'Etowah, où il détruisit de grandes usines du gouvernement confédéré. Au pied des collines de Kenesaw, qui séparent le bassin du Coosa de celui du Chattahoochee, il subit son premier échec : il essaya vainement de s'emparer des retranchemens ennemis, et dut se retirer après avoir perdu 2,500 hommes. Déjà Johnston se préparait à reprendre l'offensive, lorsque, par une manœuvre qui a fait comparer les mouvemens de Sherman à ceux de la couleuvre, le général unioniste parvint à tourner les forces de son adversaire. Battant pour la troisième fois en retraite, les confédérés se replièrent au sud du fleuve Chattahoochee, derrière une formidable ligne de retranchemens longue de 15 kilomètres environ; mais Sherman traversa le cours d'eau à une certaine distance en amont de la position ennemie, et bientôt il put montrer à ses troupes la belle ville d'Atlanta dominant un plateau entouré de vallées profondes et couvert de bois. Tandis que divers détachemens de cavalerie coupent les chemins de fer qui rayonnent autour de la place, Sherman commence l'investissement du côté du nord. Le fougueux général Hood, que le gouvernement de Richmond a choisi pour remplacer Johnston, attaque avec impétuosité les positions fédérales; il est repoussé. Le surlendemain, il livre une nouvelle bataille pour empêcher son adversaire d'investir Atlanta du côté de l'est; mais, après avoir obtenu un succès éphémère qui coûte à l'armée du nord la vie de l'héroïque général Mac-Pherson, il doit encore se replier près de la ville en laissant sur le terrain 7,000 de ses soldats. Quelques jours après, il engage une troisième lutte à l'ouest d'Atlanta; mais il ne peut empêcher le général Sherman de commencer aussi de ce côté ses travaux d'approche. Enfin les fédéraux parviennent à s'établir solidement au sud d'Atlanta, à la gare de bifurcation de deux chemins de fer, et la garnison est obligée d'évacuer rapidement la place, en laissant au vainqueur de nombreux prisonniers et un matériel de guerre considérable. Déjà l'ancien domaine de la confédération est tellement aminci par suite des conquêtes successives des unionistes, que les détachemens partis de Pensacole, sur le golfe du Mexique, peuvent coopérer avec ceux que Sherman expédie d'Atlanta. En outre, l'amiral Farragut, passant victorieusement devant les forts de la baie de Mobile comme il passa naguère devant ceux de l'embouchure mississipienne et devant Port-Hudson, a porté un terrible coup à l'empire des planteurs; car si Mobile tombe au pouvoir des fédéraux, l'état du Mississipi, celui de l'Alabama et toutes les vallées georgiennes tributaires de la baie de Mobile tomberont en même temps.

Dans l'état actuel des choses, il serait complétement inutile de hasarder des prédictions, car les événemens se déroulent assez vite pour qu'on ait la patience d'attendre leur verdict suprême; toutefois il suffit de constater sans parti-pris ce qui s'est accompli depuis le commencement de la guerre pour rester convaincu que la démocratie du nord peut triompher de la rébellion et reconstruire dans son entier la république fédérale. Il suffit pour cela qu'elle le veuille. Malgré ses dissensions intestines, malgré les efforts des traîtres du dedans qui restent dans l'Union pour mieux servir les esclavagistes, malgré les intrigues des agioteurs et des fournisseurs qui ont tout intérêt à voir la guerre se prolonger, malgré la profonde agitation électorale qui précède toujours de plusieurs mois le jour de l'élection présidentielle, les armées du nord ont pénétré jusqu'au centre du territoire confédéré et en menacent à la fois tous les points importans, Richmond, Charleston, Mobile. Certes, les hommes du sud combattent avec toute l'énergie dont sont capables des Américains; mais les citoyens qui luttent contre eux ont aussi la grande vertu *yankee* de la ténacité. Dans la guerre à outrance qu'ils soutiennent contre les états du nord, les rebelles ont tous engagé leur honneur, leur fortune et leur vie. Ils ont pour eux les avantages que procurent un vaste territoire, une centralisation despotique, une solide organisation des armées et même la nécessité d'agir rapidement, afin de ménager leurs ressources. Pendant les trois années qui viennent de s'écouler, ils ont vécu seulement pour la guerre : c'est là leur force actuelle, mais c'est aussi leur faiblesse prochaine, car la guerre ne peut être alimentée que par les ressources de la paix, le commerce, l'industrie, l'agriculture, l'instruction publique. Plus heureuse, la société du nord a continué de vivre d'une vie normale et de cultiver les arts de la civilisation; tout en soutenant la terrible lutte et en faisant combattre ses soldats sur le sol ennemi, elle n'a cessé de travailler et de développer les immenses richesses de son territoire. Comme les ouvriers de Néhémie construisant le temple, les citoyens des États-Unis ont d'une main le glaive et de l'autre la truelle. Le temps est pour eux, si l'espace est pour leurs ennemis. Ils ont les moyens de préparer leurs campagnes et de racheter leurs défaites; ils ont aussi la force irrésistible que leur donnent l'accroissement continuel de la population et la marche progressive des colons du nord vers les régions conquises du sud; ils ont surtout le grand privilége d'avoir pris la défense de l'esclave et d'en avoir fait un homme libre. Ils ne luttent plus seulement pour l'Union, comme ils le faisaient encore il y a trois ans; jadis purement nationale, leur cause est aujourd'hui celle de l'humanité.

Tous ceux qui dans le nord sympathisent avec les propriétaires d'esclaves savent fort bien que leurs amis du sud finiront par être écrasés complétement si la guerre continue, et c'est afin de venir à leur aide qu'ils réclament à grands cris la paix ou du moins un armistice. La paix, tel serait en effet le seul moyen de sauver la confédération, car dût celle-ci résister jusqu'à la mort de son dernier soldat, il resterait encore un million d'hommes aux états du nord pour occuper le territoire conquis. Toutefois, quand même le pacifique général Mac-Clellan, quand même un allié déguisé des rebelles serait élu président, une paix durable n'en serait pas moins impossible entre les deux fractions de la république américaine tant que l'esclavage subsistera, tant que deux sociétés, basées l'une sur le travail libre, l'autre sur le travail asservi, chercheront à vivre côte à côte dans le même bassin géographique. En réalité, la guerre, avant d'éclater sous sa forme sanglante, n'a cessé d'exister entre les états libres et les états à esclaves depuis la fondation de la république, et c'est maintenant, après tant de batailles et de sang versé, que des politiques naïfs tenteraient de rétablir la paix tout en laissant subsister la cause de la désunion? Est-il admissible d'ailleurs que, pour obtenir la tranquillité, les unionistes rendent les bords du Mississipi, la Nouvelle-Orléans, Norfolk, Chattanooga, et qu'ils rappellent les diverses lois d'émancipation votées par le congrès? Et si les fédéraux veulent garder leurs conquêtes, est-il croyable que de leur côté les chefs de la rébellion consentent à ne posséder qu'un territoire séparé du reste du monde, sans débouchés, sans commerce, sans industrie? La lutte, interrompue par une trève ou par un semblant de paix, renaîtrait certainement, bien plus terrible encore. Qu'elle continue donc jusqu'à la victoire définitive des armées et des principes du nord, afin que plus tard elle ne se renouvelle pas sous mille formes et ne permette pas au despotisme de s'introniser dans le Nouveau-Monde. Qu'elle continue sans relâche afin qu'elle soit terminée plus tôt, et que nous cessions d'avoir sous les yeux cet horrible spectacle des cadavres et du sang.

ÉLISÉE RECLUS.

9 782013 430678